como em 1570, 1586, 1613, entre outros, sem mencionar os casos clássicos das indenizações pagas pela França, com a ajuda do empréstimo reciclável de Baring, para os aliados que venceram Napoleão, e a indenização da Guerra Franco-Prussiana de 1871-7 (Kindleberger, 1984, cap. xiii). De fato, os empréstimos do início do século XVI foram feitos e pagos em mercadoria, incluindo commodities como cobre e manteiga, para ilustrar a possibilidade (e a ineficiência) do "natural" como o oposto à economia monetária (Hecksher, 1931 (1953), pp. 213-14). Mas o problema colocado pelo pagamento de reparações pela Alemanha para os Aliados depois da I Guerra Mundial obrigou a economia convencional a encarar o problema de analisar as transferências. O problema das transferências surgiu porque

$$X - M - LTC \neq 0 \neq STC + G \qquad (4a)$$

Onde o equilíbrio consistiria em

$$X - M - LTC = 0 = STC + G \qquad (4b)$$

Esta última equação definicional é referida, hoje em dia, como "equilíbrio básico" em pagamentos internacionais. Alguns de vocês devem preferir pensar nos itens autônomos do lado esquerdo como "acima da linha", e aqueles do lado direito da equação como "induzidos" ou "abaixo da linha". Vocês, espero, vão me perdoar se usar esta forma de notação para enfatizar que itens podem se transformar de autônomos para induzidos conforme requeira a análise de eventos particulares. Penei quando alguns anos atrás o editor do *International Finance Section of Princiton University*, o já falecido Fritz Machlup, tuérpia, Amsterdã e Londres, as explicações mercantilistas ficaram obsoletas e a contabilidade de Hume do mecanismo de preço-espécie-fluxo foi necessária. Como uma breve digressão, posso observar que é comum ocorrer que a análise econômica tenha mudanças descontínuas em resposta a mudanças do pano de fundo conjuntural. Para um outro exemplo relacionado, note que as doutrinas fisiocráticas, favorecendo as exportações de grãos, substituindo uma "política da abundância" que restringia as exportações, só ganharam aceitação quando estava claro, pelo desenvolvimento do comércio do grão do Báltico ao Mediterrâneo, que a população não teria que depender exclusivamente da oferta local.

O problema das transferências

Quando se começou a perceber a dimensão do movimento de capitais, a conta corrente não mais poderia servir como medida de uma posição de equilíbrio. A questão agora era se a conta corrente se acomodaria ao fluxo de capital ou vice-versa. A maior parte de *Moeda, crédito e comércio* tinha sido escrita na década de 1890, anteriormente ao tratamento do problema das transferências por Taussing e seus estudantes, então Marshall pode ser perdoado por pensar que pouco deveria ser acrescentado ao Bullion Report de 1810.

O problema das transferências chegou ao fórum de discussão com o desenvolvimento da contabilidade do balanço de pagamentos (Bullock, William and Tucker, 1919) e o problema posto pelas reparações alemãs depois da I Guerra Mundial. Já havia ocorrido casos freqüentes de indenizações no passado, desenvolvendo mais simpatia pela posição dos mercantilistas depois de ter lido sobre a "fome de ouro" do século XV que durou até aproximadamente 1550, quando a moeda metálica estava sendo drenada para o Levante[1] e para o Báltico Oriental, áreas que hoje em dia são avaliados como *"low absorbers"* (Day, 1978). Moedas de ouro, prata e cobre também desapareceram através da sua própria limpeza, do polimento, do uso, da perda, da fundição e da destruição dos mais variados tipos, e ainda variavam com os movimentos de entrada e saída em jóias e pratarias. De tempos em tempos a insuficiência era tanta que era necessário usar como dinheiro sal, pimenta, tintura especial (conchineal) e outros produtos valiosos transacionados a taxas arbitrárias, evocando nos economistas da minha geração do imediato pós-guerra a memória do uso de cigarros, café solúvel e meias-calças como dinheiro na Alemanha Ocidental antes da reforma monetária de 1948. Os mercantilistas não eram então completamente estúpidos em sua preocupação levando em consideração que a fome de ouro pode causar deflação. Eles tinham uma posição monetarista, posição esta que difere da visão de Keynes na *Teoria geral* (1936, cap. 23) de que o cerne da verdade sobre o mercantilismo repousa no estímulo que as exportações dão à renda e ao emprego, visão esta que um especialista no período insiste que é inadequada e abre espaço para interpretações equivocadas (de Rover, 1949, p. 287n). De qualquer forma, no século XVIII, com o fluxo de metais preciosos do Novo Mundo distribuído entre as endividadas e falidas Espanha, Gênova, Bruges[2], An-

---

[1] Os países à margem do Mediterrâneo oriental da Turquia ao Egito. (*N. da T.*)
[2] Cidade no noroeste da Bélgica, fundada no século IX e líder da Liga Hanseática, século XIII. (*N. da T.*)

havia ampliado um pouco o caminho ao encontro das necessidades de ampliar o balanço comercial, ambos em tempo e espaço, o desenvolvimento das letras de câmbio proveu uma liberdade ainda maior. A Liga Hanseática, sem as letras de câmbio, estaria limitada a um único tipo de comércio, vendendo bens no estrangeiro contra moeda local que deveria ser imediatamente usada, no mesmo local e tempo, para comprar bens de importação, com exceção de pequenos desequilíbrios ajustados em espécie (Dollinger, 1964 (1973)). Mas algo como a falácia da concretude fez os antigos economistas se concentrarem em exportações, importações e moeda metálica. Se LTC e STC forem retirados da identidade (1), temos:

$$X - M - G \equiv 0 \qquad (1a)$$

David Hume insistiu que equilíbrio no balanço de pagamentos de um país era:

$$X - M \equiv 0 \equiv G \qquad (2)$$

Esta noção foi desenvolvida em reação aos mercantilistas do século XVII e de séculos anteriores, que, com fluxos de capital limitados, queriam um superávit de exportações na conta corrente para acumular moeda metálica. Sua posição de equilíbrio poderia ser considerada como:

$$X - M = G \qquad (3)$$

Com ambos os lados da equação positivos. A economia moderna supõe que o ataque de Hume aos mercantilistas revelava a falácia no pensamento destes últimos. Porém acabei valor absoluto das importações de bens e serviços; LTC são exportações de capital de longo prazo, dando às importações de capital um sinal de menos implícito; STC são as exportações de capital de curto prazo, sendo que resultados de importações ganharão um sinal negativo implícito; e G representa não o governo mas as importações de ouro, com as exportações tendo um sinal negativo implícito. Mais adiante terei algo a dizer sobre a recente transmutação do ouro de moeda em uma commodity, mas por enquanto o tratarei da maneira clássica.

A identidade (1) mostra apenas que o balanço de pagamentos sempre se equilibra. Supõe-se conhecimento perfeito das transações, portanto não há erros e omissões. Também negligenciarei por ora complicadores tais como transferências — ajuda externa, reparações, indenizações e similares. Posteriormente separarei vários itens, especialmente capital de longo prazo (LTC), que será tratado no capítulo 2, e capital de curto prazo (STC), o tema do capítulo 3, em vários subgrupos com características diferentes. Observe que X − M é a conta corrente no balanço de pagamentos, e que, como uma primeira aproximação, LTC e STC consistem na conta de capital e G na conta monetária. No momento certo perceberemos que boa parte de STC pertence à conta monetária e que talvez todo o G devesse ser contabilizado entre exportações e importações de mercadorias na conta corrente.

Inicialmente, durante o desenvolvimento da economia, pouca atenção foi prestada aos movimentos de capital, apesar de, como Postman nos lembra, estarem bastante em evidência. Letras de câmbio auxiliavam o ouro e a prata no equilíbrio de importações e exportações, um grande avanço na eficiência que continuamente superou a necessidade de equilibrar importações e exportações no curtíssimo prazo. A moeda cunhada já exército. No retorno à vida acadêmica tomei a decisão, talvez errônea, de continuar como um economista literário, interessado em modelos simples e história econômica. Em parte, porém, passei a acreditar que para interpretar de forma bemsucedida o mundo real é necessário transformar os modelos continuamente. Insisti na veracidade deste fato tanto entre keynesianos de um lado como entre monetaristas do outro, e também entre escolas de bancos e moedas análogas na Inglaterra na primeira metade do século XIX — as últimas entendidas por Marshall como tendo esclarecido definitivamente nosso tema —, nas explicações monetárias e do balanço de pagamentos para a inflação alemã posterior à I Guerra Mundial, bem como naqueles debates sobre se os fluxos de capital estão correlacionados positivamente ou negativamente com os ciclos econômicos nacionais (Kindleberger, 1985 a). É tentador desenvolver um modelo econômico específico para um determinado tipo de comportamento econômico e aderir a ele. Mas creio que isto é um erro sério e que um analista que confia em um único modelo é levado equivocadamente a becos sem saída.

O balanço de pagamentos

Começo com a identidade para balanço de pagamentos

$$X - M - LTC - STC - G \equiv 0 \qquad (1)$$

na qual X é a exportação de bens e serviços; M não é moeda, como na maior parte das discussões macroeconômicas, mas o teve certeza de que Pigou não era um plagiador, mas mesmo assim ficou curioso quanto à origem de tal artigo. Algumas escavações revelaram que era similar a um artigo que havia aparecido cinqüenta anos antes, escrito pelo próprio professor Pigou. Parece que algumas sinapses, há muito fechadas, se reabriram e o professor Pigou redescobriu seu próprio teorema, análise ou conjectura, ou o que quer que fosse. Nestas aulas estou profundamente consciente do fato de que repito em um grau considerável coisas que disse em ocasiões anteriores.

Movimentos internacionais de capital não possuem uma forte relação com o pensamento de Alfred Marshall. Os *Princípios* (8ª edição, 1920) simplesmente não lhes fazem referência, pelo menos no limite de uma visão superficial, talvez porque Marshall pensasse que pouco de significativo restava para ser trabalhado depois do Bullion Report de 1810 (*Moeda, crédito e comércio*, 1923 (1960), p. 135). O capítulo sobre "Transações Internacionais" em *Moeda, crédito e comércio* foi tido como "uma lista de assuntos elementares conhecidos de qualquer homem de negócios, e que são bem compreendidos por grande parte do público em geral" (ibid., p. 140). Como indicado abaixo, porém, a discussão de Marshall sobre o mercado internacional de títulos tem um corte muito moderno.

Escolhi abordar o meu tema com sistemática, tal como fiz meio século atrás. Primeiro devo expor algumas identidades e equações definicionais relacionadas ao balanço de pagamentos e suas conexões com a renda nacional, porém não devo usar nenhuma matemática, nenhuma econometria, e nada além do mais fortuito empirismo. Isto é parcialmente uma questão de formação — os anos em que a economia estava sendo formalizada foram passados por mim no governo e no

1

O balanço de pagamentos

Introdução

Estou muito honrado em ser convidado para a distinta série de aulas em memória de Alfred Marshall. Creio que vocês me autorizarão a retornar a um assunto de minha juventude — *à la recherche du temps perdu*, por assim dizer, ou uma volta à cena do crime. Minha dissertação, publicada em 1937 — meio século atrás —, abordou movimentos internacionais de capitais de curto prazo. Desde esta era remota tenho perambulado mais intensamente pela economia internacional e pela história econômica, sem, porém, abandonar de todo os assuntos ligados aos movimentos de capital, câmbio, balanço de pagamento e similares.

O intervalo de cinqüenta anos me incomoda um pouco. Meu colega, Paul Samuelson, me contou ter lido um artigo de anos atrás do professor Pigou que lhe pareceu familiar. Claramente mas também para mitigar a tarefa da revisão. Subtítulos foram adicionados para dar coerência e orientação. Confio que a decisão de não partir do zero e produzir pequenos capítulos de 10 a 15 páginas será tolerada pelos mais velhos, se não aprovada.

Prefácio

Este livro é resultado de uma considerável expansão das *Marshall Lectures* em economia de 1985 ministradas na Universidade de Cambridge em novembro daquele ano. A ocasião tradicionalmente faz uso de duas aulas em dias sucessivos, o que parece ser o limite de exposição de uma audiência. A expansão foi necessária parcialmente para preencher lacunas em passagens que fui obrigado a condensar durante a aula, e para uma adicional ilustração histórica. Foi também necessário que se alcançasse um tamanho mínimo eficiente para publicação na forma de livro — um critério econômico que um economista tende a respeitar. Decidi reorganizar o material em quatro capítulos, sendo um inicial sobre balanço de pagamentos, e um final sobre desregulamentação financeira e integração mundial do mercado de capitais, ambos, naturalmente, muito preocupados com movimentos de capital, porém, mantendo o aspecto descritivo das aulas, foram elaborados dois capítulos centrais sobre capital de curto e longo prazos respectivamente.

Também decidi manter muito da estrutura original da aula, com uso substancial do pronome na primeira pessoa do singular, talvez para manter um pouco do sabor da aula,

MOVIMENTOS INTERNACIONAIS DE CAPITAL

3. Capital de curto prazo
    A visão de 1937   63
    Estoques físicos   64
    Lei de Gresham   65
    Posições nos mercados futuros de câmbio   67
    A sistemática antiga   70
    Liquidez e balanço oficiais   70
    Os Estados Unidos como um banco   72
    O colapso de Bretton Woods   74
    O mercado de euromoedas   76
    Especulação novamente   78
    Teoria psicológica do mercado de câmbio   80
    Passivos para estrangeiros e oferta de moeda   83
    Mais intermediação financeira internacional   87
    Moeda estrangeira como ativo de reserva — uma regra simétrica?   90
    A rede de *swap*   91
    Controles de capital   93
    Coordenando política monetária   96

4. Desregulamentação financeira e mercados de capital mundialmente integrados
    Taxas de câmbio flexíveis   104
    Novos instrumentos financeiros   105
    Desregulamentação   107
    Integração   121
    Os mercados de euromoedas   130
    Caminhos à frente   134

Sumário

Prefácio 7

1. O balanço de pagamentos
   Introdução 9
   O balanço de pagamentos 11
   O problema das transferências 15
   Renda nacional e o balanço de pagamentos 18

2. O capital de longo prazo
   Taxonomia 27
   Padrões cíclicos 33
   Negociações com títulos existentes
   (mercado secundário) 35
   Fluxos especulativos 38
   Investimento direto estrangeiro 43
   Mercado de capitais internacional perfeito? 51
   Intermediação financeira internacional 54
   Estágios de desenvolvimento 58

CIP-Brasil. Catalogação-na-fonte
Sindicato Nacional dos Editores de Livros, RJ.

K63m   Kindleberger, Charles Poor, 1910-
       Movimentos internacionais de capital / Charles P. Kindleberger;
       tradução de Maria Mello de Malta. – Rio de Janeiro: Record, 2007.

       Tradução de: International capital movements
       ISBN 978-85-01-06203-1

       1. Fluxo de capitais. 2. Balança de pagamentos. 3. Câmbio. 4. Finanças
       internacionais. I. Título.

                          CDD – 332.41
04-1866   CDU – 330.142.212

Título original em inglês:
INTERNATIONAL CAPITAL MOVEMENTS

Copyright © Cambridge University Press 1987

Todos os direitos reservados. Proibida a reprodução, armazenamento
ou transmissão de partes deste livro através de quaisquer meios, sem
prévia autorização por escrito. Proibida a venda desta edição em Portugal
e resto da Europa.

Direitos exclusivos de publicação em língua portuguesa para o Brasil
adquiridos pela
EDITORA RECORD LTDA.
Rua Argentina 171 – Rio de Janeiro, RJ – 20921-380 – Tel.: 2585-2000
que se reserva a propriedade literária desta tradução

Impresso no Brasil

ISBN 978-85-01-06203-1

PEDIDOS PELO REEMBOLSO POSTAL
Caixa Postal 23.052
Rio de Janeiro, RJ – 20922-970

EDITORA AFILIADA

Charles P. Kindleberger

Movimentos internacionais de capital

Tradução de
MARIA MELLO DE MALTA

EDITORA RECORD
RIO DE JANEIRO • SÃO PAULO
2007

Movimentos internacionais de capital

insistiu que eu mudasse minha organização horizontal para uma vertical com a "linha" onde aparece o sinal de igualdade. Mudei tudo de volta quando escapei deste referido editor.

Vocês devem recordar que Viner acreditava que o movimento de capital de Londres para o Canadá de 1896, e especialmente de 1904 a 1913, era autônomo e a conta corrente era induzida. Ele também pensava que os movimentos monetários serviam como variáveis instrumentais e que foram revertidos durante o processo como um todo (1924). O seu modelo, o mecanismo preço-espécie-fluxo, mostrou que o ouro fluiu da Grã-Bretanha em direção ao Canadá no início do processo para abrir espaço para o desenvolvimento de um superávit de bens, e posteriormente tal fluxo se reverteu. A situação terminou com o capital transferido em mercadoria, os fluxos de ouro cancelados e:

$$LTC = X - M \qquad (5a)$$

R. H. Coats, o estatístico do Canadian Dominion, pensou, por outro lado, que a causalidade fosse inversa — tendo sido da expansão no Canadá para um superávit de importação e um aumento nas taxas de juros que induziram conjuntamente o fluxo de capital (Board of Inquiry, 1915), em resumo:

$$X - M = LTC \qquad (5b)$$

Na famosa passagem de Keynes, o capital foi fluido e a conta corrente "massa dura" (1929). Viner (1952) e Machlup (1950 (1964)) discordavam, afirmando que a conta corrente era altamente maleável e facilmente ajustável a qualquer direção e quantidade de capital que pudesse estar disponível. Citaram como exemplo a experiência da Alemanha continuando a pagar reparações para os Aliados depois que a entrada de fundos privados na Alemanha havia cessado em meados de 1928, passando a desenvolver um superávit de exportações para "produzir" a quantidade de moeda estrangeira necessária para pagar as reparações, mesmo nas circunstâncias depressivas de 1930 e da primeira metade de 1931. Isto teve, porém, um tremendo custo social de 15% de desemprego e a ascensão dos Nacional-Socialistas ao poder. Em 1958, em um artigo intitulado "Equilíbrium and Desequilíbrium: Misplaced Concretness and Disguised Politics", Machlup insistiu que o equilíbrio no balanço de pagamentos era um conceito puramente econômico, sem conteúdo político. Quando o artigo foi republicado, ele adicionou uma nota de rodapé dizendo que não pretendeu acusar Ragnar Nurkse (1949) ou a mim, cujos trabalhos haviam sido citados no artigo, de mascarar ou escamotear as dimensões políticas do equilíbrio, quando nós de fato fomos explícitos neste ponto (1969, p. 126, n. 19). No final de sua vida, Machlup reconsiderou sua visão anterior, e admitiu que transferir capital ou reparações para o exterior via deflações rigorosas poderia fazer uma pressão tão severa sobre a economia que poderia colocar em perigo a estabilidade política e social.

Renda nacional e o balanço de pagamentos

A relação entre o investimento doméstico e o balanço de pagamentos claramente vem do artigo clássico de Alexander (1952) no qual ele relaciona o balanço de pagamentos com o que ele chama de "absorção". Começando com a identidade definicional para a renda nacional (Y)

$$Y \equiv C + I + G \qquad (6)$$

C sendo o consumo, I o investimento e G os gastos do governo (nesta instância, G não pode ser ouro, mas o significado deverá sempre ser esclarecido no contexto), o investimento é dividido em dois segmentos, doméstico (I_d) e estrangeiro (I_f)

$$I = I_d + I_f \qquad (6a)$$

I_f, que pode ser positivo ou negativo, sendo o movimento internacional de capital e moeda, ou ainda o superávit ou déficit em conta corrente.

Substituindo e rearrumando (6), chegamos a

$$X - M = Y - (C + I_d + G) \qquad (6b)$$

Na qual o equilíbrio será, com a ajuda de (5 a), o mesmo que

$$Y - (C + I_d + G) = LTC \qquad (6c)$$

Se a absorção é menor que a renda nacional, o superávit é deduzido nas exportações de capital de longo prazo. O caso canadense de Coats nos mostra, porém, que se a absorção excede a renda, então as importações de capital são induzidas. Alternativamente, pode-se lidar com poupança e investimento em termos líquidos, começando com $S = I_d + X - M$, e chegando ao equivalente líquido de (6c)

$$S - I_d = LTC \qquad (6d)$$

Em alguns casos, dividir a poupança em pessoal, das empresas e do governo (superávit ou déficit) (S_p, S_c e S_g) auxilia a compreensão. Se abstrairmos o setor empresarial (I_d e S_c), (6d) se transforma em

$$S_p - (I_d + S_c) + S_g = LTC \qquad (6e)$$

Com a poupança das empresas seguida do investimento líquido com sinal negativo, e contrabalançado pela poupança do setor das famílias, um déficit governamental produz um influxo de capital. Esta é a situação dos Estados Unidos hoje.

Se é o déficit do governo que desloca o investimento doméstico, e aumentos da taxa de juros que induzem o fluxo de capital — o déficit em conta corrente —, ou se é o déficit em conta corrente que vem diretamente do excesso de gasto governamental, que por sua vez leva ao influxo de capital, ou se é um pouco de cada, é uma questão que está longe de ser resolvida mesmo pelo mais sofisticado método estatístico. Além dos gastos e das mudanças nas taxas de juros motivando a entrada de capital, também existem, no mundo de hoje, flutuações nas taxas de câmbio que, gerando mudanças de preços, resultam em respostas das unidades gastadoras escolhendo entre mercadorias nacionais ou estrangeiras, e ativos domésticos ou estrangeiros. As ambigüidades envolvidas serão encontradas logo em seguida e sempre. Como já sugerido

O BALANÇO DE PAGAMENTOS

anteriormente, porém, consiste em um erro metodológico insistir que apenas um modelo esteja funcionando todo o tempo, ou em um dado incidente complexo. Aqui, como no famoso exemplo de Marshall sobre equilíbrio-geral das bolas em uma tigela, a posição de cada uma determina a posição de todas as outras e vice-versa.

O que isto significa é que é um erro depositar toda a culpa no déficit dos Estados Unidos via-à-vis o Japão apenas no déficit orçamentário do governo americano ($S_g > 0$) ou na alta poupança pessoal japonesa. Explica-se o primeiro através do aumento dos benefícios sob as leis de seguridade social passadas no tempo do presidente Roosevelt, com indexação, subsídios agrícolas, ao compromisso do presidente Reagan com altos gastos em defesa e não retrocedendo na redução dos impostos feita no início de seu primeiro mandato. Já a última é atribuída à falta de provisão para a seguridade social no Japão em nível nacional, forçando cada família a poupar para sua própria aposentadoria, ao pagamento do salário 13 vezes por ano com o bônus anual de um mês de salário que tende a ser poupado, e similares. No equilíbrio, tudo determina tudo.

Nesta discussão sobre o investimento líquido ou a poupança líquida e os fluxos de capital de longo prazo, é suposto que as variáveis monetárias se cancelam no processo de transferência, isto é, que o ouro e/ou os fluxos de capital de curto prazo são revertidos quando a transferência é completada. Mas Jeffrey Williamson, tratando a história do balanço de pagamentos americano no século XIX, deu uma contribuição crucial à discussão que é geralmente negligenciada (1964). O mecanismo de transferência na análise tradicional, declara ele, supõe que o movimento de capital de longo prazo é equilibrado pelos resultados líquidos das exportações e importações de bens e serviços. Dado o crescimento, de qualquer forma, o estoque monetário de um país tem que crescer. Podem-se adquirir mais reservas monetárias através da exportação de bens e serviços. Pode-se fazer o mesmo através do pedido de empréstimos. No século XIX, os Estados Unidos pegaram empréstimos no exterior principalmente para adquirir bens e serviços para investimento de capital, mas parcialmente também para ampliar o estoque de reservas monetárias. Estas reservas não eram o motivo mas uma parte da proposta de empréstimo. Isto é intermediação financeira internacional, pegando empréstimos a longo prazo e mantendo reservas em ouro. Falaremos mais sobre intermediação financeira internacional, talvez mais do que vocês queiram ouvir.

Na versão de Williamson, três mercados devem fechar em equilíbrio — não separadamente mas no agregado —, o de bens e serviços (X – M), o de ativos financeiros e até certo ponto de capital real (LTC), e o monetário (STC + G). A abordagem monetária do ajuste do balanço de pagamentos reconhece que as reservas monetárias devem crescer com o desenvolvimento econômico mas novamente supõe apenas dois mercados, o monetário e o de bens. Com o aumento da necessidade de moeda, na medida em que se dá o crescimento, o país deve desenvolver um superávit nas exportações. Mas com três mercados no balanço de pagamentos agregado, isto não seria mais necessário. O capital necessário pode ser pego na forma de empréstimo. E diferentemente do modelo de Viner do processo de transferência com o mecanismo preço-espécie-fluxo funcionando, ele não precisa de contrapartida. De fato, a distribuição das reservas das minas de ouro e prata da Europa, África e do Novo Mundo realizou-se parcialmente via balanço comercial, porém também via movimento de capitais.

É, então, chegado o momento de lidar com o ouro. Desde pelo menos 1971, quando os Estados Unidos fecharam a janela do ouro, ou talvez desde 1968, quando o *pool* do ouro de Londres quebrou e o sistema de preços *two-tier* foi introduzido, o ouro tem sido mais uma *commodity* que moeda. A neurose de Midas, ou talvez deva dizer "paranóia", ainda abunda, mas não mais nos bancos centrais. A nostalgia do retorno ao padrão ouro, evidente na França e no pequeno grupo de seguidores americanos de Jacques Rueff e Robert Mundell nos Estados Unidos, parece condenada à frustração, especialmente depois do relatório negativo da Comissão do Ouro de Reagan, escrito por Anna Jacobson Schwarts, rejeitando o retorno ao padrão ouro em benefício do monetarismo. Agora incapacitado de servir como meio de troca ou unidade de conta, o ouro não é mais moeda internacional. Perdeu a função de unidade de conta em virtude de sua variação de preço, quando a "monetariedade" da moeda está no fato de seu preço ser constante em termos de outras moedas. Posso ainda manter o ouro nestas definições para estar adequado à definição clássica, mas a principal moeda internacional é o capital de curto prazo, antigamente em libras esterlinas, e hoje em dia normalmente em dólares.

Os três mercados que têm que se equilibrar são: o de bens e serviços, o de ativos e passivos de longo prazo e o monetário. E o devem fazer conforme os três métodos de análise do balanço de pagamentos: o das elasticidades e/ou absorção, o da absorção e o monetário. A abordagem monetária supõe que as exportações e importações de bens e serviços se ajustam à relação entre demanda e oferta de moeda em um dado país. Falta-me um sentimento intuitivo para isto, na medida em que eu normalmente penso em moeda como o que equilibra a diferença entre renda e gasto no tempo, ao invés de gasto e renda se ajustando à demanda líquida por moeda. Além disso, se pode obter moeda através de empréstimos — intermediação financeira. Mas todas as três abordagens são necessárias: nenhum modelo isolado de balanço de pagamentos é bom para todos os lugares e tempos. Um economista com apenas um modelo para a análise do balanço de pagamentos já está se prejudicando. Seria um absurdo, por exemplo, explicar o superávit no balanço de pagamentos da Arábia Saudita de 1974 a aproximadamente 1982 em termos de um modelo keynesiano ou monetarista; argumentar, por exemplo, que após o grande aumento nos preços do petróleo, aquele país teve uma maior propensão a poupar e baixo investimento, ou experimentou um repentino aumento de sua demanda por moeda. Isto foi um caso de elasticidade, com as elasticidades fracassando no teste de Marshall-Lerner, um caso, portanto, baseado em elasticidades pessimistas no curto prazo. Simultaneamente, superávits no balanço de pagamentos na República Federativa da Alemanha e no Japão seguem o modelo de absorção. Eu hesitaria entre o modelo da absorção baseado no déficit do governo e o modelo das elasticidades respondendo com elasticidades altas à apreciação do dólar para explicar o atual déficit de pagamentos dos EUA. No longo prazo, claramente, os três modelos — elasticidades, absorção e monetário — convergem.

O BALANÇO DE PAGAMENTOS

No curto prazo um ou outro comanda o processo de ajuste. Não é sempre óbvio qual. A escolha requer instinto, ou intuição, mais comumente que medidas econômicas, e principalmente mais que cálculos complexos tentando encontrar o melhor R^2.

Identicamente, no caso das transferências, algumas vezes o capital conduz a conta corrente, outras vezes ocorre o contrário. Referi-me ao debate entre Viner e Coats; no constante reexame do caso canadense, o senso comum em grande medida apoiou Coats, concluindo que foi o *boom* do Canadá que atraiu o capital, em vez de ter sido o capital que produziu o *boom*. Em 1885, em Londres, como que prevendo a conversão de Goshen, que trouxe uma queda no retorno dos *consols*[3] de 3 para 2,5 por cento, houve uma onda de saída de capital em busca de rendimentos mais altos, uma curva de oferta de inclinação regressiva, ou se preferir uma curva modelo função — objetivo do trabalhador. "John Bull pode agüentar muitas coisas mas não consegue agüentar 2 por cento." O objetivo de receita do *rentier* pode ser alcançado tanto aceitando um risco maior para ganhar a mesma renda bruta, quanto através de uma maior poupança sob taxas de juros mais baixas. Em ambas as instâncias, empréstimos ao exterior tendem normalmente a aumentar. Houve, de fato, descoberta de diamantes e ouro na África do Sul ou nitratos no Chile, a abertura de novas terras na Argentina, a construção de cidades depois da conclusão das ferrovias na Austrália. A história é repleta de "histórias" de alterações repentinas em mercados financeiros

---

[3] Um título do governo britânico originalmente criado em 1751, que paga juros percentuais e não tem data de maturidade. É a abreviação de *Consolidated Annuity*. (*N. da T.*)

seguidas por saídas de capital; o sucesso do empréstimo de Baring para financiar o pagamento de indenizações pela França em 1817, a conversão da dívida de guerra britânica em 1822, o enorme excesso de contribuições aos Thiers *rentes* em 1871 e 1872, e o inesperado sucesso da *tranche* americana do empréstimo de Dawes em 1924. E, nestes casos, o fluxo de capital protagonizou as mudanças na conta corrente e trouxe à tona a transferência real. Porém este não foi o caso no clássico pedido de empréstimo canadense quando seu *boom* de crescimento econômico produziu entrada de capital.

Algumas vezes torna-se difícil decidir qual é o elemento autônomo no balanço de pagamentos e qual o induzido. Um destes momentos é o mundo de hoje, com uma parte do fluxo de capital para os Estados Unidos induzida pelas altas taxas de juros resultantes do déficit orçamentário do governo, e outra parte autônoma com os investidores europeus desejosos de dólar e investimentos distantes das confusões da Europa e do Oriente Médio. Nestes casos a teoria é menos interessante que a descrição histórica.

2

O capital de longo prazo

Taxonomia

Voltando a nossa sistemática, e para o capital de longo prazo, em vez de para os modelos de balanço de pagamentos. Capital de longo prazo é extraordinariamente diferente do de curto prazo pela própria natureza do instrumento de financiamento, com o capital de longo prazo operando através de instrumentos de débito com maturidade superior a um ano. Existe, porém, o problema de que o instrumento pode não ser congruente com sua função: pode-se mover para dentro e para fora do mercado de títulos em meses, semanas ou dias, enquanto investimentos de curta maturidade podem ser rolados tantas vezes que acabem se constituindo efetivamente em um investimento de longo prazo.

A divisão usual de capital de longo prazo é feita em novas emissões, negociações com os títulos já existentes, tanto bônus quanto ações, e investimento direto estrangeiro. Esta última é a propriedade sobre ativos reais ou de determinada posição acionária em uma empresa que dá controle ao proprietário estrangeiro. O comportamento destas três formas de investimento de longo prazo é diferente, tanto na regra quanto na exceção, em lugares e períodos diferentes. Mudanças nessas formas de comportamento têm sido moldadas por alterações no ambiente econômico, notadamente pelas melhorias nos transportes e comunicação internacionais. Estas formas de investimento diferentes também demandam distintos modelos analíticos. Títulos novos, por exemplo, tendem a se adequar a modelos de fluxo, com o excesso de poupança disponível de um ou mais países sendo utilizado nos países onde a demanda por investimento é maior que a poupança própria. Ao mesmo tempo, a negociação de títulos existentes se adapta melhor a um modelo de porta-fólio, no qual investidores rearranjem seus porta-fólios em resposta a mudanças paramétricas.

Não se deve criar um grande problema em virtude da necessidade de modelos diferentes para as formas diversas de investimento internacional. Ao longo do tempo, o modelo de fluxo e o modelo de porta-fólio convergem, conforme os fluxos construam ou reduzam carteiras que vão sendo ajustadas de tempos em tempos. É verdade que o modelo de fluxo se adapta aos empréstimos entre países desenvolvidos e subdesenvolvidos, e o modelo de porta-fólio, às operações entre os países financeiramente desenvolvidos, com suas oportunidades de diversificação e resposta a mudanças nas taxas de juros e câmbio e nas perspectivas econômicas. Mas é importante sublinhar que títulos novos e títulos já existentes estão intimamente relacionados.

O CAPITAL DE LONGO PRAZO

Um trabalho recente de Christofer Platt levanta a importante questão de que a maior parte das estatísticas de empréstimos estrangeiros de longo prazo superestimam os fluxos de capital, já que os investidores no país devedor freqüentemente compram uma grande parte de bônus emitidos no exterior por empresas privadas e governamentais de suas próprias nações (1984). Sabe-se de longa data que, por exemplo, investidores europeus do pós-II Guerra Mundial compraram uma grande parcela dos bônus emitidos por europeus em Nova York (Kindleberger, 1963 (1966), pp. 72-5). Platt insiste que os países em desenvolvimento acabam por utilizar basicamente recursos próprios, e destaca que este fenômeno não é novo. Durante os anos da década de 1840, os títulos das ferrovias francesas emitidos em Londres foram comprados por investidores franceses. As ações bancárias italianas compradas por alemães após 1894, fato tão destacado por Gerschenkron (1962, pp. 87-9), em 1900, estavam, em sua maior parte, de volta a mãos italianas (Confalonieri, 1967, iii, pp. 3-17). J. W. Beyen declarou que era típico da Holanda no período entre guerras lançar títulos da dívida pública em Nova York para cobrir o déficit governamental doméstico — não se tinha qualquer interesse em adquirir moeda estrangeira — e observar que os títulos tinham sido totalmente "repatriados" dentro de um ano após sua emissão (1949, p. 13). No caso francês, como aponta Platt, e igualmente em vários outros casos, tais como os investidores argentinos comprando os títulos argentinos lançados na Europa, o mediador estrangeiro vai intermediar o empréstimo entre duas partes de um mesmo país de origem. Complementarmente, os credores de determinado país estão preparados para aceitar no mercado internacional um retorno um pouco inferior ao encontrado no mercado doméstico porque obtêm um título melhor — um com um mercado maior e uma maior liquidez — e um no qual o devedor local esteja menos inclinado a ser inadimplente em virtude das complicações internacionais. Fazer a transferência de ambas, demanda e oferta de um centro financeiro menor para um maior, é um processo bem mais complexo que meramente equacionar o excesso de demanda por poupança existente em um deles com o excesso líquido de oferta existente no outro. Economias de escala em um mercado ampliado criam um tipo de título diferente, melhor, e portanto mais barato.

Não é, porém, universalmente verdade que os fluxos brutos sejam na maioria das vezes interligados, embora isto seja certamente mais verdadeiro hoje em dia que já foi no passado, como veremos abaixo ao enfatizarmos a questão da intermediação financeira (veja também Wallich, 1984a). A avaliação de Viner sobre o movimento de capital de Londres para o Canadá não observa compra canadense de títulos canadenses em Londres (1942, cap. vi), e Hall, escrevendo sobre movimentos de capital da Grã-Bretanha para a Austrália, menciona bancos australianos retendo títulos do governo britânico como reservas, mas não há nenhuma palavra sobre poupadores australianos comprando títulos australianos emitidos em Londres (1963, p. 51). Pode ser que os poupadores da Commonwealth sejam ao mesmo tempo os investidores da Commonwealth — investindo diretamente com maior *animal spirit*, como Keynes teria dito, sendo mais empresarial e menos interessado na audaciosa renda do *rentier*. Se assim for, isto os faz menos interessados na interposição de intermediários entre sua moeda e seu investimento primário. Mas isto é uma hipótese fraca

O CAPITAL DE LONGO PRAZO

e *ad hoc*, e a questão depende de pesquisa detalhada para explicar a diferença entre, digamos, a prática de investimento da Argentina e a da Austrália e do Canadá.

Títulos novos normalmente fluem por certos caminhos, muito mais que se espalham de forma equânime pelo mundo como um todo. Os investidores investigam horizontes limitados em virtude dos custos positivos de informação. Estes horizontes podem se expandir ou contrair em resposta a alguns eventos. Os estímulos ao empréstimo estrangeiro levados a cabo pelos empréstimos de indenização de Baring, Thiers *rentes*, empréstimos Dawes e pelas conversões de dívidas de 1822 e 1888 já foram mencionados. Já ocorreram mudanças de horizontes tanto positivas quanto negativas. A Quarta Guerra Anglo-Holandesa em 1780 levou os holandeses a desviarem seus empréstimos da Inglaterra para a França. Londres se afastou do continente por conseqüência das revoluções de 1848, redirecionando suas poupanças para os domínios, o Império e o Egito. Gigantescas mudanças ocorreram simultaneamente em 1887 quando os alemães pararam de emprestar à Rússia czarista, e a França iniciou. Tensões políticas entre Alemanha e Rússia coincidiram com um *boom* doméstico que tornou os alemães ansiosos para repatriar e atrair capital para investimento, e com uma enxurrada de empréstimos dos franceses, ainda revigorados pela subida espetacular dos Thiers *rentes*. Rapidamente a Rússia reciclou sua dívida alemã em francesa e o capital parisiense foi para Berlim via São Petersburgo. Uma ilustração mais moderna e negativa de uma mudança de horizontes foi o começo da crise no mercado de ações no segundo quartel de 1928, que levou os investidores de Nova York a desviarem sua atenção dos empréstimos à Alemanha e aos países em desenvolvimento, que os tinham seduzido tão absolutamente desde 1924.

O Canadá tradicionalmente detinha um *status* diferente no mercado de Nova York em relação a outros investidores estrangeiros, em função de sua fronteira com os Estados Unidos e de seus profundos laços culturais (apesar de um distanciamento salutar). No entendimento de alguns investidores, títulos canadenses simplesmente não são estrangeiros: um imponente financista executivo irá insistir ao mesmo tempo que sua empresa não investe em bônus estrangeiros, mas admitir em seguida que compra títulos dos domínios e províncias canadenses. Ou uma indústria manufatureira tal como a Sopas Campbell irá afirmar que não fez nenhum investimento no exterior depois da II Guerra Mundial, apesar de produzir e negociar no Canadá. Os americanos gostam de pensar no Canadá como sendo o 13º distrito do Federal Reserve; os canadenses são muito menos simpáticos a tal consideração. Estes pontos cegos não são desconhecidos em outro lugares com respeito a investimento estrangeiro: eles devem ser meramente uma piada, em um livro cheio de deliciosas anedotas, como Emden nos conta a história de um investidor parisiense que procurou comprar ações de Suez, pensando que a companhia controlava uma ferrovia em uma ilha na Suécia. Quando informado que a companhia construía um canal entre o Egito e a Palestina, ele disse que não se importava desde que o investimento fosse antibritânico (Emden,1938, p. 309). A fuga que acabou com a Creditanstalt na Áustria em maio de 1931 se espalhou para os bancos alemães, pelo "fato" de os americanos não saberem distinguir entre os dois países (Bennett, 1962, p. 23).

Padrões cíclicos

O padrão cíclico dos empréstimos de longo prazo é também outro destes casos nos quais a explicação oferecida por um único modelo não prevalece, são necessários dois modelos alternados para dar conta do problema. Em um modelo comandado pela demanda (demand-led), um dado volume de poupança é direcionado para tomadores de empréstimos domésticos ou estrangeiros, dependendo do ritmo do ciclo econômico doméstico. Diante de um crescimento doméstico, os empréstimos para o exterior diminuem; na depressão, eles se ampliam. Em um modelo de oferta, por outro lado, o investimento estrangeiro e o doméstico flutuam em conjunto conforme a poupança aumente ou diminua no curso do ciclo econômico doméstico. Uma observação há muito apresentada é a de que os empréstimos britânicos no século XIX foram contracíclicos, enquanto os americanos nos anos 20 foram procíclicos. A diferença foi devida à experiência acumulada em Londres, e à inexperiência em Nova York (Caircros, 1953). Há muito por trás desta explicação. Especialmente quando uma mudança de horizontes acaba de ocorrer e existem novas oportunidades não exploradas para investimento no exterior, novos empréstimos vão aumentar ou diminuir de acordo com a disponibilidade de poupança, ao mesmo tempo que empréstimos realizados com um horizonte fixo já vigiam por muito tempo, o modelo de demanda prevalece. Estas tendências gerais porém não podem ser utilizadas para previsões; os empréstimos britânicos foram procíclicos na segunda metade dos 1880, e novamente entre 1910-13, e o empréstimo estrangeiro alemão foi contracíclico após 1873, quando finalmente estreou na compra de títulos estrangeiros de forma representativa.

Existe uma tentação em sugerir que o capital de longo prazo investido em títulos novos flui de países abundantes em capital para países escassos em capital, e, com a sanção dada pela intermediação estrangeira entre credores e tomadores de empréstimos de um mesmo país, é isto que ocorre. Nas negociações de títulos existentes o fluxo é menos unidirecional. Diversificação é o motivo. O Canadá é, no equilíbrio, um recebedor líquido de capital dos Estados Unidos, tanto através de títulos governamentais como de investimentos diretos. Por outro lado, os investidores canadenses mantêm um amplo porta-fólio de títulos americanos, incluindo ambos *blue chips* — os títulos sazonais de companhias tradicionalmente bem-sucedidas — e companhias em rápido crescimento. De tempos em tempos o Canadá apresenta grandes reservas sobre recepção que costuma dar ao investimento direto estrangeiro, mas a sugestão de que deveriam requisitar seus lotes privados de títulos americanos e usar os dólares procedentes de suas vendas para comprar toda a participação americana na indústria canadense gerou uma onda de protestos no Canadá. Acesso a espécies distintas de títulos aumenta o bem-estar do investidor mesmo quando escolhe não tirar vantagem disto.

Este fenômeno não está de forma nenhuma limitado aos investimentos entre Canadá e Estados Unidos e vice-versa. Observando a ampla atividade bruta entre países e o pequeno movimento em termos líquidos, o governador Henry Wallich do Conselho do Federal Reserve conjecturou que talvez diferentes taxas de poupança e investimento nos países não tenham tanta importância como o interesse na diversificação dos detentores de ativos e as estratégias de marketing e produção das corporações industriais (1984 a). A análise de Wallich cobriu tanto o investimento direto como novas emissões e negociações com títulos existentes, o primeiro sendo um objeto que ainda tem que ser trabalhado. Isto entretanto sugere que se deve ser muito cuidadoso com excesso de explicações sobre os movimentos líquidos quando os movimentos brutos na direção oposta são substanciais. Mesmo quando os movimentos líquidos de capital são pequenos no cômputo geral, é digno de nota que, em artigo preparado no mesmo ano, Wallich observa que os movimentos internacionais de capital são "o rabo que balança o cachorro", ou seja, o fluxo de capital domina as mudanças no balanço de pagamentos e na taxa de câmbio, apesar de seu pequeno montante líquido relativamente às exportações e importações de bens e serviços na conta corrente do balanço de pagamentos (1984 b).

Negociações com títulos existentes (mercado secundário)

Boa parte do comércio de títulos existentes é baseado nas visões distintas que se tem a respeito de dadas companhias. Jornalistas econômicos inexperientes algumas vezes dizem que um dado mercado subiu porque alguns estrangeiros compraram ações, ou caiu porque as venderam. Isto é um solecismo: estrangeiros compram ou vendem ações conforme o mercado suba ou desça, dependendo das visões relativas dos dois conjuntos de operadores. O mercado pode subir quando os estrangeiros são compradores líquidos, ou cair quando são vendedores líquidos; pode subir ou descer sem que haja nenhuma transação internacional, quando operadores domésticos e estrangeiros revisam suas perspectivas sobre os preços justos na mesma direção e montante.

Um impressionante exemplo de diferenças entre visões foi registrado logo antes da crise de Baring de 1890 quando investidores alemães nas *cedulas* (títulos hipotecários) argentinas e nos bônus esterlinos argentinos despejaram-nos em Londres, seja por causa da precaução dos investidores alemães e da hostilidade do governo alemão (Ferns, 1960, pp. x, 433; Lauck, 1907, pp. 59-60), ou por causa da preocupação específica com a desvalorização do peso (Morgenstern, 1959, p. 523). Posteriormente, na mesma crise, investidores britânicos se livraram dos títulos americanos para ampliar sua liquidez, primeiro em Paris (Théry, citado em Morgenstern, ibid., p. 526), e depois, seguidos por investidores de Paris e Berlim, em Nova York (Simon, 1955 (1978), pp. 454, 473, 501).

O comércio internacional de títulos secundários pode ser totalmente local até onde os investidores sabem, com dois mercado unidos por intermediários que compram em um mercados e vendem simultaneamente em outro. Se os investidores holandeses têm em maior conta a General Motors que os investidores de Nova York, os intermediários vão comprar estas ações em Nova York e vender em Amsterdã, movimentando capital da Holanda para os Estados Unidos com este propósito. Entendi na época, talvez com informação inadequada, que o controle britânico de moeda estrangeira imediatamente depois da II Guerra Mundial e antes da desafortunada conversibilidade pedida pelo Acordo Financeiro Anglo-americano teve uma severa rachadura por arbitragens permitidas em

O CAPITAL DE LONGO PRAZO

Kaffirs. Capitalistas britânicos, se a história está correta, compraram Kaffirs em Londres e as venderam em Joanesburgo. Se a arbitragem tivesse sido proibida, o movimento teria rapidamente se extinguido quando os preços dos Kaffirs subissem em Londres, e caíssem em Joanesburgo, para refletir o desconto implícito em esterlina. Com a arbitragem permitida, porém, inadvertida ou equivocadamente, o Banco da Inglaterra permitiu uma gigantesca saída de capital quando intermediários profissionais obtiveram a concessão de moeda estrangeira para reequilibrar os preços comprando na África do Sul e vendendo na Inglaterra.

Marshall afirmou que, com títulos exportáveis de primeira linha, importadores em caso de necessidade podem usá-los como forma de pagamento, e os exportadores recebem o pagamento (1923, p.151). Na discussão do balanço de pagamentos de Porto Rico, James C. Igram descreveu um sistema através do qual a ilha acerta seus pagamentos com o continente através de bônus do governo americano (1959). Isto, claramente, é o uso de um instrumento de longo prazo como se este fosse de curto, isto é, como moeda. Se existem muitos títulos que podem exercer este papel hoje em dia, entre papéis do governo americano e algumas ações *blue chip*, tais como as da A.E.G., Exxon, Ford, General Motors, Philips, Schlumberger, Shell, Siemens e similares, é duvidoso, embora os números envolvidos sejam crescentes. Nestes casos, um elemento de LTC deveria ser colocado no lado direito das equações que definem o equilíbrio, como se fosse STC.

MOVIMENTOS INTERNACIONAIS DE CAPITAL

Fluxos especulativos

Capital de longo prazo pode ser um instrumento para transferência de capital para o exterior em um fluxo, pode servir como meio de ajustar estoques a mudanças nas circunstâncias, e pode ser usado como moeda. Pode também ser objeto de especulação, resultando em instabilidades ocasionais. Grande número de economistas com opiniões fortes sobre a eficiência dos mercados sustentam que especulação desestabilizadora é impossível. O argumento propõe que se alguém compra quando o preço sobe e vende quando o preço cai está destinado a incorrer em perdas e sofrer extinção darwiniana. Especulação desestabilizadora pode ser encontrada na história econômica, juntamente com a de tipo estabilizadora, se não em todos os tipos de teoria econômica. Expectativas racionais e aqueles que negam a possibilidade de especulação desestabilizadora parecem conceber os mercados como compostos por agentes idênticos com acesso a mesma informação, mesma inteligência, perspectiva e motivação, apesar de uma leitura minimamente aprofundada da história sugerir que existem diferenças entre eles nestes vários pontos. Nas antigas companhias de canal da Inglaterra, por exemplo, uma classe de investidores consistia em investidores proprietários das terras ao longo do caminho do projeto do canal que estavam interessados em promover a construção em virtude de seus efeitos sobre os seus interesses mais diretos, por exemplo, Bolton e Watt em Birmingham ou Wedgwood próximo ao Soho, que desejavam transporte barato e confiável para seus produtos e insumos. Outro conjunto de investidores era constituído de pessoas procurando recursos de longo prazo para aplicarem suas poupanças. Destes dois grupos, ambos compraram as ações do canal para manter em carteira. Um terceiro grupo de investidores consistia em especuladores sofisticados e astutos que observaram a rentabilidade do investimento e a valorização de suas ações. Eles investiram capital pelo retorno, comprando na esperança de vender mais tarde com lucro. Suas compras foram sempre baseadas pelo atraso no pagamento de seus credores ou pelo uso de fundos emprestados. Ainda há um quarto tipo constituído de investidores ignorantes, que de forma retardatária entram no embalo dos ganhos do terceiro grupo. Como destaca Jefferys sobre o investimento nacional na Inglaterra, o valor de face das ações foi rebaixado de £100 ou £200 para £50, £25, £10 ou £5, e até em alguns casos para 10 *shillings*, ampliando a base de adesão para incluir "serventes e feirantes" (1946 (1954), p. 53), ou, como diríamos nos Estados Unidos, "garçons e engraxates". Presume-se que estas últimas classes se sentiriam mais atraídas pelas ações nacionais que pela emissão de títulos estrangeiros, mas a sua pouca sofisticação tem um equivalente em termos de investimentos em bônus estrangeiros que foi sempre identificado com viúvas e órfãos, além de aposentados, servidores públicos e similares (Kindleberger, 1978, p. 31n).

Um grande volume de pesquisa entre as questões macroeconômicas diz respeito às expectativas racionais. Teóricos afirmam que a racionalidade é demandada como um axioma em economia, seja por causa da impossibilidade de raciocinar caso se pense no mundo como irracional ou porque a matemática da irracionalidade é complexa demais para ser operada. Tenho uma nota de rodapé em um artigo sobre falências bancárias sugerindo que parece ser mais útil apelar à história para decidir se o mundo é uniformemente racional, uniformemente irracional, ou geralmente racional mas ocasionalmente irracional (Kindleberger, 1985, p. 31).

Os investidores que compraram títulos de governos estrangeiros e bônus de ferrovias de nações como Argentina, Rússia czarista ou dos estados sulistas dos Estados Unidos durante a Guerra de Secessão pensaram que estavam agindo racionalmente. Eles raciocinaram levando em conta a segurança de títulos do governo e de ferrovias na Europa Ocidental e a segurança de títulos do governo e de ferrovias em todos os lugares. *Ex post* esta extrapolação parece mais ser simplória que irracional, mas a distinção é muito difícil de ser estabelecida.

De um lado, pode-se encontrar instâncias onde compradores e vendedores se comportam racionalmente em circunstâncias complexas que pareceriam desafiar todos que não fossem o mais sofisticado dos analistas financeiros. Tenho em mente o paradoxo de Gibson, ou mais genericamente o efeito Fisher, que sugere que quando os preços estão subindo os fornecedores de empréstimos insistem em taxas mais altas porque eles supõem que serão pagos em moedas desvalorizadas, enquanto quando os preços estão caindo, os tomadores de empréstimos insistem em taxas mais baixas porque esperam ter que pagar seus empréstimos em moeda mais valorizada. Em determinado ponto, Robert Mundell formulou a hipótese de que parte dos empréstimos internacionais ocorriam em virtude de uma espécie de "ilusão de câmbio", comparável à "ilusão monetária" em uma economia doméstica, que confunde as transações monetárias nominais com aquelas em termos reais, isto é, volumes monetários deflacionados por mudanças no nível de preços. Ele pensou que, por exemplo, em um período inflacionário credores cobrariam muito pouco, de forma que valeria a pena pegar grandes empréstimos e pagar com moeda desvalorizada (Mundell, 1968). Empirismo fortuito indica que isto ocorreu em vários casos, após, por exemplo, a inflação alemã depois da I Guerra Mundial e as inflações latino-americanas pós-II Guerra Mundial. Dois cuidadosos estudos históricos, porém, mostram que nem credores nem tomadores no passado sucumbiram à ilusão do câmbio. Credores britânicos não tiveram dificuldades em entender a relação entre a variação de preços e a taxa de juros (Harley, 1977), e o endividado governo czarista, como mostra um sofisticado estudo econométrico, não se endividou excessivamente durante a Grande Depressão de 1873 a 1896 por ter sido iludido pelos preços em queda (Israelsen, 1979). Investidores franceses e alemães foram enganados por jornalistas venais e corruptos, que anunciaram títulos na imprensa em troca de propinas, como os disc-jóqueis que recebiam propina para promover discos alguns anos atrás (Sternm, 1977, cap. 11; Bouvier, 1960), mas, se a econometria é confiável, eles não ignoravam a distinção entre taxas de juros reais e nominais. O assunto é um pouco mais complexo sob taxas de câmbio flexíveis. Perpasso esta questão na página 104.

O modelo especulativo não se aplica apenas a novas emissões, mas também ao comércio de títulos no mercado secundário, e até no mercado de câmbio. Uma perturbação aleatória ou autônoma acontece. Ocorrem alterações de preços e com elas novas oportunidades de lucro são abertas. Pode acontecer que uma onda de euforia aflore. O crédito é monetizado. Com o atraso entre o início do novo investimento e seu produto último, os preços aumentam mais. No decorrer do tempo, as expectativas elásticas de preços crescentes e lucros florescentes se erodem. Enquanto os investidores hipermétropos se recolhem. Com as expectativas em curso de reversão, os mercados ficam "ansiosos". Lenta ou rapidamente eles podem ser revertidos, possivelmente levando a um colapso.

Um caso clássico em empréstimos externos é oferecido pelo *boom* de 1885 a 1890. Expectativas eufóricas se espalharam da África do Sul à América Latina, Austrália e Estados Unidos. Um *boom* nas ações de bebidas se espalhou de Londres ao Canadá e Estados Unidos. O mercado de ações europeu foi infectado pelo *boom* de 1928-9 em Wall Street. Nas décadas de 1950 e 1960, trustes de investimento eram formados em Nova York para participar do *boom* das ações japonesas e alemãs.

Talvez o exemplo espetacular de especulação internacional — de caráter estabilizador como ocorreu — seja a das Thiers *rentes*, emitidas em 1871 e 1872, quando a França procurou levantar os 5 bilhões de francos de indenização que tinha que pagar para a Prússia libertar o país da ocupação militar. A primeira *rente*, emitida em julho de 1871, o foi por 2 e meio bilhões, e apreçadas em 82.50 francos por um bônus de 100 francos, com denominações tão baixas quanto 5 francos. Foram subscritas duas vezes, com 1,135 milhão vindos do exterior, incluindo algumas apostas vindas da longínqua Índia. A *rente* subiu de preço para praticamente 95 em outubro. A segunda *rente* emitida em julho de 1872 foi de 3 bilhões de francos, com preço de 84.50 francos, e foram subscritas treze vezes. Berlim sozinha investiu o valor de 3 bilhões e Berlim e a Alemanha do Norte juntas 4 e meio bilhões. Estas somas não eram sérias, é claro, com investidores, incluindo, especialmente, bancos, fazendo lances para adquirir *rentes* que esperavam vender quando o preço subisse. Investidores franceses, vendendo títulos estrangeiros para comprar *rente*, e compradores estrangeiros, juntos, proporcionaram a moeda estrangeira necessária para pagar a indenização.

Isto foi uma operação de reciclagem por excelência. A transferência real ocorreu quando os investidores venderam suas *rentes* para retornar ao seu ambiente de investimento natural. E os investidores franceses reconstruíram seu portafólio estrangeiro. Esta enorme operação (no seu tempo) ocorreu suavemente de maneira estável. Outras ondas de empréstimos estrangeiros que foram violentamente revertidas — a onda de 1885 de Londres, cortada pelo colapso de Baring em novembro de 1890, ou a explosão de empréstimos estrangeiros de Nova York, seguindo os empréstimos Dowes, que encolheu repentinamente no meio de 1928, quando o mercado de ações se estimulava — desestabilizaram a economia mundial como um castelo de cartas.

Investimento direto estrangeiro

Investimento estrangeiro direto pode tomar a forma de compra de títulos em uma empresa estrangeira, existente ou formada para tal propósito, mas sua forma essencial é o controle acionário. O controle é procurado com o objetivo de sugar toda a renda, no sentido ricardiano, de uma dada vantagem, normalmente tecnológica, algumas vezes na capacidade de uma companhia verticalmente integrada, se difundindo por todas as fronteiras nacionais, para coordenar estágios separados de produção e distribuição de forma mais eficiente que os mercados competitivos atomizados conseguem. A Stephen Hymer é creditado o maior desenvolvimento na teoria de investimento direto estrangeiro, quando observou que o objeto pertence muito menos à teoria dos movimentos internacionais de capital que à organização industrial (1960, 1976). Há pouco investimento direto estrangeiro em setores competitivos. Diferentemente de empréstimos via títulos, em que, excluindo-se as diversificações, poupanças normalmente fluem de países ricos em capital para países pobres em capital, investimento direto flui em ambas as direções, sempre nos mesmos setores. Interpretado em termos da fórmula para capitalizar um influxo de receita:

$$C = I/r$$

Onde C é o valor capitalizado de um ganho de ativo, I é o influxo de receita produzido e r é a taxa de retorno competitiva, Hymer sugeriu que o investimento direto se transfere de acordo com a maior taxa de retorno, I, baseado na proficuidade da companhia, de acordo com a diferença nacional de r.

Tal como empréstimos via títulos, o investimento direto responde a mudanças nos horizontes. A área geográfica de sua efetiva operação é aquela que pode ser eficientemente coordenada por uma empresa de acordo com os custos de transporte e o desenvolvimento das comunicações. Com exceção dos bancos, e eu suponho pequenas outras exceções como o Vaticano, a Liga Hanseática e as companhias comerciais de Estados nacionais, o investimento direto estrangeiro se tornou

O CAPITAL DE LONGO PRAZO

significativo no meio do século XIX com o advento do barco a vapor e do telégrafo, e ganhou um impulso ainda maior com o aparecimento da aeronave a jato e o telefone transoceânico. Firmas americanas responderam ao Tratado de Roma de 1957, pelas minhas conjecturas, menos pelas mudanças produzidas nas oportunidades de investimento pela união aduaneira que pela atenção que chamou sobre oportunidades que haviam ficado despercebidas anteriormente. Nem todo mundo concorda com esta teoria do investimento direto. Robert Aliber, por exemplo, sustenta que áreas monetárias mais fortes proporcionam a companhias em seus limites uma vantagem de investimento superior às outras mais fracas, por causa da preferência do investidor por títulos denominados em uma moeda mais forte e portanto com um menor custo de capital, então a teoria do investimento direto deveria ser ligada aos países, não a companhias em setores específicos (1970, 1983). Ele tenta explicar investimentos cruzados em dados setores — Exxon na Inglaterra e Shell nos Estados Unidos, ou Lever Brothers nos EUA e Proctor and Gamble no Reino Unido — como ondas sucessivas de investimento enquanto as moedas se reforçavam, contrastando com a visão de organização industrial que explica o investimento cruzado como uma troca de ameaças. De acordo com esta visão as empresas investem no quintal de seu concorrente para alertá-lo a não criar problemas no seu mercado primário, caso ele queira manter a vida tranqüila e evitar retaliações. É o tipo de investimento baseado em um modelo de estratégia defensiva.

Investimento defensivo ocorre amplamente em investimento direto. O conceito foi desenvolvido por Alexander Lamfalussy, na época na vida acadêmica e atualmente diretor executivo do Bank for International Settlements, que observou alguns anos após a II Guerra Mundial que a indústria têxtil da Bélgica estava investindo em ritmo rápido, mas fracassando em obter o retorno normal das firmas belgas (1961). Após se aprofundar no assunto ele concluiu que a indústria teve que correr para se manter no mesmo patamar no mercado. Sem o alto investimento perderia, digamos, 6 por cento por ano. Investindo pesadamente, estaria ganhando 2 por cento brutos por ano, ou 8 por cento quando comparado com a posição em que estaria sem o investimento. Nesta instância o investimento direto foi um instrumento de curto prazo apenas.

No investimento direto estrangeiro, investimento defensivo ocorre onde o retorno não é tão alto quanto a taxa de lucro normal da firma, mas cessa quando deve evitar perdas em outros lugares. Uma companhia entrará em determinado mercado com retorno inferior ao seu normal para impedir que um competidor faça um ganho que possa lhe dar uma posição em que crie problemas no mercado cativo da companhia investidora ou em um terceiro mercado. Um banco de Nova York irá estabelecer uma agência em Paris, onde é difícil a competição para os bancos estrangeiros, para evitar a possível perda de um cliente nova-iorquino que vai para Paris e quer negociar com seu banco de costume. Com meticulosa contabilidade de custos, a agência de Paris poderia ser creditada por alguns dos ganhos do escritório matriz que foi salvo pela manutenção de uma presença no mercado (Koszul, 1970). Sob contabilidade comum, os lucros do escritório matriz estariam acima do normal, e os lucros da filial estariam abaixo do normal, mas a posição é de equilíbrio em função do conjunto. Este tipo de união não ocorre como regra em investimento em títulos.

Uniões em investimento direto podem ser extensivas ou limitadas, como pode ser este tema, em qualquer firma com uma complexa estrutura geográfica. Um jovem economista pensa em uma empresa multinacional como um instrumento para arbitragem de capital, bens, tecnologia e pessoal (Kogut, 1983). Na medida em que for o caso, os elementos separados são congregados em um tipo de união. Em outros casos, a regra vai ser "cada um em seu lugar", isto é, ser um centro gerador de lucros de mesmo montante que os outros. A questão de se uma dada corporação multinacional é uma unidade operante isoladamente no mundo em nível mundial ou tem uma estrutura mais "federativa", como uma aglomeração, que pode ser expandida ou encolhida comprando ou vendendo subunidades, sem afetar muito a totalidade (Kindleberger, 1985c). O modelo "cada um em seu lugar" é baseado em equilíbrio orçamentário, onde cada subsidiária em separado deve justificar sua existência a cada ano (no orçamento de capital coletivo qüinqüenal, por exemplo). A abordagem unitária supõe que cada subsidiária se mantém de um ano para outro, a não ser que haja alguma mudança substancial ou inesperada na sua contribuição para o agregado.

Uma diferença entre investimento direto estrangeiro e investimento através de compra de títulos de tipo semelhante àquele que ocorre nas fusões vem do ajuste de alguns dos cálculos feitos pelas companhias recebedoras do investimento direto. Existe investimento cruzado, como já mencionado. E existem setores em que empresas semelhantes se comportam de formas diferentes, e também companhias que mudam de idéia, sugerindo que a decisão de investir ou não investir está sempre muito próxima. Objetivamente, a companhia francesa St. Gobain, com um novo processo, investiu em novas instalações nos Estados Unidos, enquanto a firma britânica Pilkington, com um processo ainda melhor, decidiu inicialmente licenciar a tecnologia. Posteriormente, Pilkington abandonou a timidez e comprou plantas de produção de vidro automobilístico da Libbery-Owens-Ford. O mesmo comportamento disparatado pode ser observado nas automobilísticas: a Volkswagen inicialmente comprou a planta de montagem da Studebaker em Liden, Nova Jersey, mudou de idéia depois de já ter começado suas operações e a vendeu. A Volvo planejou uma grande operação de montagem na área de livre comércio na Virgínia, mudou de idéia e abandonou o negócio. Posteriormente, a Volkswagen mudou de idéia de novo, e iniciou a produção do modelo Golf (nos Estados Unidos chamado de Rabbit) em Altoona, Pensilvânia. A decisão entre produzir ou exportar, produzir ou licenciar, revela uma série de variáveis relacionadas a tarifas, tecnologia, comportamento do concorrente, assistência disponível e similares que podem levar cada companhia, em circunstâncias ligeiramente diferentes, ou a mesma companhia em momentos diferentes, a chegar a resultados opostos em seus processos decisórios.

Poder-se-ia continuar falando sobre investimento direto estrangeiro, como não fiz na minha dissertação de 1937, mas fiz em mais de uma ocasião desde então. Um ponto crítico pode estar em conexão com os movimentos de capital. Algumas vezes o investimento direto envolve muito pouco dinheiro novo levantado no país de origem e costuma utilizar dinheiro do hospedeiro. Investimento inicial pode ser feito parte em espécie — talvez patentes, equipamentos, o custo de especialistas enviados do escritório matriz etc. — e o restante em empréstimos locais. Boa parte do crescimento veio historicamente de lucros reinvestidos — uma parte internacional do balanço de pagamentos, mas não do balanço de pagamentos internacional, já que nenhum pagamento internacional está envolvido. Durante os anos 30, investimentos substanciais foram feitos na Alemanha por companhias que estavam impedidas, por causa do controle do fluxo de capital, de repatriar seus lucros. Enquanto investimento direto estrangeiro apropriadamente pertence à teoria da organização industrial, é excessivo dizer, como alguns fizeram, que deveria ser excluído da discussão dos movimentos de capital. Mas o ato de poupar e o ato de investir são muito mais amarrados, e o problema das transferências é menos evidente no investimento direto que nos fluxos diretos de capital de longo prazo via mercado de títulos, tais como naqueles para novas e velhas ações e bônus.

Deixe fornecer algumas outras comparações entre investimento direto e movimentos de capital via títulos, sem uma base sólida em demonstrações estatísticas. Primeiro, é uma forte impressão minha que o padrão cíclico do investimento direto adere adequadamente de forma consistente ao modelo de oferta, aumentando no *boom* e encolhendo, sem necessariamente se reverter, na recessão, em contraste com fluxos de títulos que algumas vezes seguem o modelo de oferta, que varia com a oferta de poupança, e algumas vezes o modelo de demanda alocando um dado volume de poupança entre usos domésticos e estrangeiros, dependendo das condições relativas da demanda. Empresas naturalmente gostam de crescer, e têm planos para expansão que procuram realizar em períodos quando os lucros estão altos. Têm, como regra, medo de pagar lucros crescentes muito rapidamente aos acionistas, já que estes costumam esperar demais. Quando os lucros estão altos, então, ambos tendem a se expandir no país sede e no exterior, seguindo o padrão procíclico. Ao mesmo tempo, penso que grande número de observadores — Stephen Hymer (1960 (1976)), Harry Johnson (1971) e Albert Hirshman (1969) — exageram quando afirmam que investimento direto estrangeiro sempre cresce e nunca se reverte. Hymer diz que o investimento direto lembra uma árvore centenária que uma flor anula e Johnson estende a metáfora comparando-o com o Jacarandá Gigante, que dura séculos. Mas já ocorreu com certa freqüência que uma onda de investimentos diretos tenha sido revertida quando a firma investidora encontra melhores usos para seus fundos na matriz, ou precisa de dinheiro em espécie para fazer frente a perdas. Observei que a Alemanha em quatro ocasiões reclamou de *Ünberfremdung* — excesso de internacionalização, ou demasiado controle estrangeiro das minas e indústrias alemãs — nas décadas de 1850, 1890, 1920 e 1950 — com as reclamações perdendo força em cada instância conforme uma porção substancial do investimento se revertia (Kindleberger, 1978b, pp. 207-9). Corporações multinacionais com sede nos Estados Unidos se livraram de parte de seus ativos nos anos 1930, e novamente nas recessões de 1974-1975 e 1980-1982, para obter dinheiro em espécie para arrefecer as perdas no país de origem.

Segundo, uma importante diferença entre títulos e investimento direto muda a receptividade dos países menos desenvolvidos em relação a eles nos períodos de inflação e recessão.

O CAPITAL DE LONGO PRAZO

Durante os anos 50 e 60, os países latino-americanos, em especial, ficavam insatisfeitos pelo fato de os investidores estrangeiros privilegiarem o investimento direto e serem relutantes em comprar os bônus latino-americanos. Nos anos 70 e 80, os mesmos países insistiram que preferiam receber capital estrangeiro na forma de participações em ações que na forma de títulos. Mas é claro. A inflação destrói o título, enquanto o investimento direto estrangeiro se mantém intacto e os lucros escalam. Isto explica a preferência dos investidores nos anos 50 e 60 e a oposição dos países menos desenvolvidos ao investimento direto então. De outro lado, o investimento direto rende pouco na recessão, enquanto os serviços das dívidas são difíceis de serem mantidos em função da retração nas exportações. As duas formas de entrada de capital são desejáveis. Mas as circunstâncias alteram os casos. Portanto deve-se ser cuidadoso para não se tirar rápidas conclusões com apelo fraco à generalidade.

Mercado de capitais internacional perfeito?

O Teorema de Coase afirma que as instituições se movem rapidamente para preencher as necessidades econômicas. O *'gap'* de Macmillan na Inglaterra fornece um contra-exemplo, descoberto apenas em 1931, mas existente anteriormente (Jefferys, 1938 (1977)). Este foi um *gap* de capacidade de atrair capital entre firmas pequenas de menos de £100.000, que se baseava em recursos locais, e aqueles de mais de £1.5 milhão que poderiam ter acesso ao mercado de ações de Londres. Um *gap* similar existiu por um longo tempo no campo internacional, entre financiamento de curto prazo via *commercial paper*, usados para financiar transações comerciais, e bônus de longo prazo para formações de capital. O *gap* foi a dificuldade de financiar equipamento pesado — máquinas-ferramenta, maquinário, aviões e similares. Nos anos 30, o caso de falha de mercado foi preenchido pelos corpos governamentais, tais como o Export-Import Bank, o Export Credit Department, o COFACE na França, e, depois da guerra, o Kreditanstalt für Wiederaufbau na Alemanha.

Mais recentemente, empréstimos a prazo que cresceram para intermediar o financiamento no sistema bancário doméstico se espraiaram pelas finanças internacionais, e deram ao mundo algum estímulo na crise da dívida causada pelo tamanho excessivo dos empréstimos distribuídos via bancos em torno de 1971. Os detalhes deste incremento e diminuição nos fluxos de capital estão muito frescos em nossas cabeças para justificar que me aprofunde aqui na questão da crise da dívida do Terceiro Mundo. Destacaria, porém, que este me parece um análogo exato dos episódios de empréstimos estrangeiros de Londres em 1825, 1857 e 1890, sem mencionar 1873 na Europa Central, com um deslocamento, seguido de novas oportunidades de lucros, euforia, excessos, angústia, e uma crise financeira ou não, dependendo da existência ou não de um emprestador de última instância. De 1825 a 1913, este emprestador de última instância foi o Banco da Inglaterra, ocasionalmente ajudado pelos Banco da França, Banco de Hamburgo e o Banco Estatal da Rússia. Hoje em dia é o Fundo Monetário Internacional, ocasionalmente ajudado pelo Federal Reserve e pelo Bank of International Settlements.

O CAPITAL DE LONGO PRAZO

Uma sistemática completa para empréstimos de longo prazo poderia incluir provisões governamentais de tipos variados, não apenas o financiamento comercial para equipamento apenas mencionado, mas ajuda externa sob vários programas, e até empréstimos entre agências intragovernamentais, tais como aquela do Banco Mundial. O objeto é muito vasto, e meramente perpassei-o com um raciocínio momentâneo. As cabeças mais brancas entre vocês vão se lembrar no final dos anos 30 da idéia de que seria necessário criar meios para garantir que os empréstimos externos fossem contracíclicos. Empréstimos procíclicos, do tipo que os Estados Unidos estimularam durante os anos 30, foram seriamente desestabilizadores. Países desenvolvidos pararam de emprestar para o Terceiro Mundo e em seguida pararam de comprar dele, garantindo que o capital de longo prazo fluísse num padrão anticíclico como recomendado pelo estudo da Liga das Nações, e, se não me falha a memória, pela eminente professora de Cambridge, Joan Robinson, entre outros. Mas como? Os governos podem imobilizar capital privado em certo grau, mas não conseguem estimulá-lo quando está tímido. Os artigos do Banco Mundial incorporavam uma comissão pedindo que esta "conduzisse suas operações com objetivo de considerar os efeitos do investimento internacional nas condições financeiras". Em estágio posterior, o Banco renunciou, dizendo que era incapaz de carregar tal atribuição — presumivelmente por conta dos prazos de decisão e execução — e um compromisso de controle do crescimento econômico (Banco Internacional de Reconstrução e Desenvolvimento, 1949).

Intermediação financeira internacional

O ajuste no balanço de pagamentos para fluxos de capital via novas emissões idealmente seguiria o modelo de absorção, com um excesso de poupança no país credor e de investimento no país tomador, criando em conjunto um excedente exportável no primeiro, e um déficit no último. (Isto supõe uma taxa de câmbio fixa e nenhum pedido de empréstimo para aumentar a oferta monetária.) Quando o movimento ocorre via comercialização de títulos existentes — o modelo de portafólio —, não fica claro como o balanço de pagamentos se ajusta. Uma possibilidade é o modelo de absorção: A, o credor, compra títulos em B com poupança nova, e os vendedores de B usam tais procedimentos para obter novos investimentos. Pode-se sempre projetar um mecanismo de preço-espécie-fluxo, ou um modelo das elasticidades com o câmbio de A depreciando. Talvez o resultado mais provável, porém, seja que os investidores em A tenham excesso de liquidez, enquanto vendedores em B estejam interessados em ficar mais líquidos, o banco central de B retenha a moeda estrangeira recém-adquirida com sua contraparte monetária doméstica. A conta corrente se mantém inalterada, apesar do que supõe o modelo monetário de balanço de pagamentos. Isto é intermediação financeira internacional. Com A investindo a longo e tomando a curto e B desinvestindo a longo em troca de dinheiro. A posição de equilíbrio vira

$$X - M - LTC_{port} - STC_{liq} = 0 = G \qquad (7)$$

Onde LTC_{port} é uma saída de capital de portafólio em A, enquanto STC_{liq} é um influxo, o oposto ocorrendo em B. Como resultado, A proporcionou liquidez a B. STC_{liq} pertence ao lado esquerdo da equação porque é necessário existir em B e A está pronto para abrir mão. O caso é idêntico àquele apresentado por Jeffrey Williamson (1964), quando os Estados Unidos pegaram empréstimo para obter moeda, portanto nesta instância a moeda foi procurada para transações, não para compor reservas. Mas a liquidez aumenta o bem-estar. É um item apropriado para negociação.

E deveria acrescentar que Walter Salant mostrou que investimento direto estrangeiro também pode ser utilizado como meio para comércio de liquidez. A demonstração foi pedida como uma resposta à reclamação francesa de que o padrão dólar permitia aos Estados Unidos dominar as fábricas francesas com dinheiro fornecido pela França. A alegação de Salant era a de que a preferência pela liquidez era tão forte na França, e tão fraca nos Estados Unidos, que os americanos e franceses voluntariamente trocavam ativos reais por dinheiro (1966). Não havia elemento compulsório no sistema.

Existem ainda dois tópicos relacionados, para os quais tenho que abrir espaço: primeiro, a resposta do capital de longo prazo às taxas de câmbio flexíveis desde 1973, e segundo, a situação presente na qual os Estados Unidos estão atraindo as poupanças de todo o mundo, valorizando o dólar, administrando um grande déficit de balanço de pagamentos na conta corrente, e trocando, tanto quanto se pode avaliar este tema, a partir de estatísticas incertas do valor do investimento estrangeiro, de posição de credor para devedor.

Minha predileção sempre foi por taxa de câmbio fixa, baseada no teorema de Hicks de que dois bens (moedas) com preços fixos podem ser considerados como um só. Pensei, junto com os entusiastas da taxa de câmbio flexível, que um risco de câmbio sob taxas flexíveis acabaria com os fluxos internacionais de capital. Foi evidente que taxas flexíveis entre o dólar canadense e o dólar americano não o fizeram, mas esta foi uma exceção. No longo prazo, um dólar é um dólar é um dólar, como Gertrude Stein certa vez disse, e flutuações presumivelmente ocorreram sob uma norma de longo prazo de 1 para 1. Quando outros países pegaram empréstimos em Nova York após a abolição das Taxa de Equalização de Juros, ou pegaram no mercado de títulos em eurodólar, eles foram deliberadamente perdendo seus dólares, uma posição especulativa, justificada pela expectativa de que os Estados Unidos estavam propensos a subir exageradamente a taxa em comparação a patamares muito acima da dos outros países desenvolvidos. Ou assim pensavam os apoiadores das taxas fixas e das taxas flexíveis.

Este provou não ser o caso. O Canadá não foi uma exceção e posições em dólares foram abertas em ambos os mercados, de curto e longo. O assunto é um quebra-cabeça. Conjecturei que em questões monetárias, como freqüentemente para bens, a quantidade é mais importante que o preço (1981, cap. 18). Firmas grandes parecem ter pego empréstimos de longo prazo e emprestado no euro-mercado, fazendo a operação reversa a curto prazo, pagando o *spread* na estrutura de prazos das taxas de juros e especulando nos mercados futuros de juros, objetivando ter acesso à moeda quando esta é necessária. Este é o comércio da liquidez. Pode ser que perdas cambiais que venham a ocorrer com mudanças no câmbio sob flexibilidade nos empréstimos de longo prazo sejam normalmente amortizadas em longos períodos de tempo. Certamente é perturbador ver a forma livre e fácil pela qual o capital se move de moeda em moeda hoje em dia com taxas flexíveis. A valorização do dólar em 1985 para o nível mais alto desde 1971 foi causada pelo enorme fluxo de capital, que fracassou em reprimir, da Europa e Japão para os Estados Unidos. Este enorme fluxo de capital para os EUA financiou um déficit recorde na sua conta corrente.

Já indiquei alguma hesitação na decisão do quanto atribuir o déficit em conta corrente americano à sobrevalorização da taxa de câmbio — um modelo de elasticidades — e quanto atribuir ao déficit do governo americano o deslocamento das exportações e o surgimento do déficit em conta corrente, como num modelo de absorção. (A abordagem monetária do balanço de pagamentos não se adapta; firmas, bancos, agências governamentais, e, por tudo que sei, famílias estão pegando empréstimos no exterior, sugerindo uma escassez de moeda nos Estados Unidos, relativamente aos outros países, enquanto o superávit de importações sugere excesso de moeda relativamente à demanda.) Parte do influxo pode representar briga de capital, um tipo de sensação de depressão na Europa composta por desencorajamento econômico e fatalismo político, que faz os investidores procurarem ganhos e refúgio nos Estados Unidos. Parece para mim pouco provável que tenhamos aqui um problema de transferências, o desenvolvimento de um déficit para acomodar um influxo autônomo. Ao invés disso, comungo da visão geral nos Estados Unidos de que o déficit governamental dos EUA mantém a taxa de juros mais alta que aquelas no Japão e na Europa — onde as locomotivas econômicas se mantêm inativas nos recuos da ferrovia —, atraindo capital, procurando retornos mais altos e se preparando para ignorar o risco cambial.

Para o estudante destas disciplinas nos anos 30 este é um mundo bizarro. O capital flui na direção errada, dos mais pobres para os mais ricos, e é consumido quando chega, em vez de ser investido em projetos produtivos.

Estágios de desenvolvimento

Deixe-me concluir este capítulo sobre capital de longo prazo sugerindo que o padrão no qual o capital flui rapidamente do Japão em pleno crescimento para os Estados Unidos em desaceleração pode não ser, na realidade, um resultado muito estranho — um resultado arbitrário de uma série de mudanças estruturais acidentais nos dois países mencionados anteriormente —, mas, aquele que emerge naturalmente dos estágios de desenvolvimento que estes dois países alcançaram.

Começando com Bullock, Williams e Tucker (1919), estes economistas detectaram estágios no balanço de pagamentos de um país no curso de seu desenvolvimento, começando com um jovem devedor quando está iniciando seu endividamento, se movendo para a posição de devedor maduro quando inicia o pagamento de suas dívidas e acumula riqueza própria, passando para um jovem credor quando os ativos superam os passivos e acumula direitos líquidos no resto do mundo, e terminando como um credor maduro que vive dos juros e dividendos de seus direitos líquidos e pode até consumir parte de seu capital. Porque o balanço de endividamento não pode ser medido precisamente — não se sabe normalmente se se deve usar os valores do livro, o custo, o valor capitalizado da receita, ou de mercado, e se os de mercado seriam os valores de face ou os preços nos quais títulos e ativos reais poderiam ser liquidados após a passagem do tempo —, e como o padrão está longe de ser regular — os Estados Unidos percorreram vários estágios apressadamente na I Guerra Mundial, e o Canadá por outro lado se mantém emergindo de devedor jovem para maduro e voltando atrás novamente —, os estágios fazem algum sentido como "tipos ideais" e podem ser relevantes para a posição dos Estados Unidos e Japão hoje em dia. A sistemática baseada em quatro estágios restringe-se a dois se o balanço de endividamento for levado em conta, ou três se a atenção está voltada para o balanço de pagamentos e a conta corrente, refletindo o fluxo de capital. Ou ainda, caso se leve em conta o balanço de endividamento, os fluxos de capital e a conta corrente — simultaneamente, levando em conta as mudanças, o esquema pode produzir seis estágios, como mostrado na Tabela 1.

Em seu artigo publicado postumamente, Keynes sugere que os Estados Unidos estavam próximos a deixar de ser um jovem credor, continuando a acumular direitos sobre o resto do mundo, para ser um credor maduro, que começaria a consumir sua riqueza (1946). A previsão foi prematura em aproximadamente uma geração. Contas feitas por um jornal nos Estados Unidos observou em 1985 que o país tinha passado de credor adulto para credor maduro, porém as estimativas, como acabamos de observar, estão longe de ser precisas.

Tabela 1. Balanço de endividamento e conta corrente nos estágios de desenvolvimento

Estágio de desenvolvimento	balanço de endividamento	Conta Corrente	ativo/passivo
jovem devedor		passivo	passivo
devedor adulto	devedor	equilibrado	
devedor maduro		ativo	
jovem credor		ativo	ativo
credor ativo	credor	equilibrado	
credor maduro		passivo	passivo

Kindleberger, 1968, pp.417ff.

Mas é pouco provável que qualquer um pudesse prever que a exportação de capital do Japão para os Estados Unidos não fosse a conseqüência de características aleatórias e arbitrárias nas estruturas dos dois países afetando as poupanças — o déficit governamental nos Estados Unidos produzido pelas teorias econômicas idiossincráticas do presidente Reagan, almejando aumento nos gastos militares e cortes no pessoal e nos impostos sobre as empresas, somando a ansiedade da geração do pós-guerra em pegar empréstimos e viver bem e gastar toda a renda, além da comprometida com poupanças contratuais em planos de pensão e pagamentos de hipotecas — no Japão, a falta de seguridade social, o pagamento de décimo terceiro salário, com este mês extra sendo mais que rapidamente poupado e com a explosão demográfica de nascimentos depois da guerra produzindo uma geração que tinha que prover para si mesma rapidamente o alongamento da era anterior. Esta era, em suas visões, mais a conseqüência natural e normal dos "estágios de desenvolvimento", com o Japão entrando no estágio de jovem credor ao mesmo tempo que os Estados Unidos se moviam sobre a curva de crescimento em S ou de Gompertz para um credor maduro (Akiyama e Onitsuka, 1985). A Europa é difícil de ser encaixada nesta análise, com exceção talvez da Alemanha, que, como o Japão, descobriu a fonte da juventude da economia nacional vencendo a guerra que destruiu todas as coalizões distributivas que bloqueavam melhoramentos na produtividade e aceleravam a inflação nos países que escaparam deste fogo purificador (Olson, 1982). Inglaterra e França, em graus menores, estão alguns anos na frente dos Estados Unidos em maturidade econômica, e já consumiram uma grande parte de sua riqueza externa. Na medida em que investem mais nos Estados Unidos que em casa, isto pode ser por algumas outras razões que não os estágios de desenvolvimento, tais como pessimismo econômico sobre o futuro da Europa.

Os estágios estruturais e de desenvolvimento de taxas de poupança mais altas no Japão e Alemanha que nos Estados Unidos não são totalmente contraditórios mas até certo ponto se coadunam (Norton, 1986). A partir do ponto em que não se coadunam mais, é praticamente impossível determinar econometricamente qual domina os fluxos de capital. Minha intuição me diz, porém, que a tarefa de eliminar o déficit governamental e estimular a poupança pessoal nos Estados Unidos é hercúlea, não respondendo prontamente às mudanças em política facilmente realizáveis. Do mesmo modo, na medida em que as poupanças japonesas se reduziram com o envelhecimento da geração do imediato pós-guerra, o processo de redução de poupança corporativa e pessoal no Japão encontrará forças de grande resistência. Se isto ocorrer, o fluxo de capital de longo prazo da área do Pacífico para os Estados Unidos não será prontamente revertido.

No "encontro de cúpula" em Kemp-Bradley em novembro de 1985 sobre taxas de câmbio flexíveis e possibilidades de se atingir uma maior estabilidade, um participante viu como obsceno o povo japonês, vivendo sob falta severa de espaço para moradia, ter enviado sua poupança para os Estados Unidos para ser investida em hotéis e escritórios destinados a se manter subocupados. É difícil discutir com este tipo de argumento.

3

Capital de curto prazo

A visão de 1937

Em minha dissertação cinqüenta anos atrás, a principal descoberta foi que o equilíbrio no balanço de pagamentos de um país significava que movimentos de ouro e capital de curto prazo deveriam ser nulos no cômputo geral. A proposta foi enunciada em prosa, em vez de com as identidades usadas nestas aulas que se assemelham à álgebra. Em essência, o resultado a que cheguei foi

$$X - M - LTC = 0 = STC + G \qquad (4b)$$

que nós já vimos no primeiro capítulo como a equação básica. Meu orientador, o grande professor James W. Angel, não concordou. Argumentou persistentemente que os movimentos de ouro seriam a medida de desequilíbrio, ou na notação atual

$$X - M - LTC - STC = 0 = G \qquad (4c)$$

a variação em (2), na pág. 13, com LTC e STC postos de volta na equação. Fiquei agradecido a ele naquele momento, e permaneço, por ter tido a tolerância de que eu discordasse de sua visão mais experiente, e pelos menos presumivelmente mais sábia. E o cerne deste capítulo é que apesar da crença feroz em nossas próprias idéias de juventude, ao longo do tempo, e juntamente com boa parte do mundo, voltei atrás — ou talvez tenha sido demovido — desta posição.

Primeiro deixe-me esclarecer que o equilíbrio em (4b) tem que ser qualificado em vários aspectos — estoques físicos, relações entre fluxos de ouro e fluxos de capital de curto prazo (que, de alguma forma, podem ser incorporados sob a égide da Lei de Gresham), e, em segundo lugar, para posições no mercado futuro de câmbio.

Estoques físicos

Primeiramente, observe que a análise supõe que as exportações estão fora da produção corrente e as importações entram na absorção. Não há grandes variações de ajuste em estoques. Para nos limitarmos a apenas uma das quatro possíveis variações, se importações são formadoras de estoque, em vez de consumidas ou investidas, as relações verdadeiras no balanço de pagamentos ficam distorcidas. As importações foram essencialmente pegas como empréstimo do futuro. Em 1936 e 1937, o mundo foi levado a pensar equivocadamente que a conta corrente americana estaria em equilíbrio conforme M se aproximasse de X. O fato era que o grande negócio era estocar matéria-prima contra inflação com medo de John L. Lewis, o líder trabalhista. Quando o acúmulo de estoques foi revertido, as importações caíram vertiginosamente, revelando que a conta corrente tinha estado em superávit todo o tempo. Na mesma moda, o déficit da Alemanha em 1950 no mesmo momento em que a Coréia estava com estoques exagerados, e o déficit britânico dissimulado pelas importações exageradamente baixas e uma dilapidação dos estoques que mais tarde teriam que ser repostos. Caso se deseje, pode-se pensar em variações em estoques como pertencendo, junto com capital de curto prazo e ouro, ao lado direito da equação. Aumentos em estoques estão próximos a aumentos em reservas, e diminuição a perdas de reservas.

Lei de Gresham

Em segundo lugar, não é suficiente sob o padrão ouro que STC + G seja 0 (zero). Além de se cancelarem, devem ser ambos pequenos em termos absolutos. Na minha dissertação de 1937, argumentei que capital de curto prazo pode complementar o ouro ou ser um substituto do ouro. Suponha que o capital de curto prazo esteja incorporado em depósitos, em vez de *commercial paper*. O ouro e os depósitos são moeda internacional. Eles podem ser somados um ao outro exercendo papel de moeda. Ou o problema da Lei de Gresham pode emergir, com os detentores de moeda mudando de ouro para moeda estrangeira, como no período da "avalanche do ouro" de 1936-1937, ou de moeda estrangeira em ouro — os bancos centrais do bloco do ouro convertendo em ouro $759 milhões de depósitos em dólar desde setembro de 1931, quando a libra esterlina saiu do padrão ouro, até o final do ano. Mesmo que os movimentos para o ouro e para moeda estrangeira sejam de sinais opostos e se cancelem, grandes movimentos em direção oposta sinalizam uma crise financeira que pode levar a um rompimento.

Com seu foco largamente direcionado à provisão da quantidade correta de liquidez para o sistema, Robert Triffin criticou o padrão ouro-moedas como sendo um absurdo. Isto me pareceu equivocado. Como detalharei adiante, sob as condições ótimas, na intermediação financeira internacional, pode prover de forma suave, barata e eficiente o sistema internacional com o montante de liquidez necessário. O problema com o padrão ouro-moedas não era sua provisão inadequada de liquidez, mas sua instabilidade. Com duas moedas, existe o risco de trocas convulsivas de uma para outra. Nestas circunstâncias, o mercado se aproxima menos rapidamente do equilíbrio que da vacilação. A Lei de Gresham foi originalmente aplicada — não por Gresham para ser exato, apesar dele ter ficado com o crédito — ao problema posto pela taxa de cunhagem fixa do ouro e da prata, e uma taxa de mercado variável. Os bimetalistas sustentaram que o preço de cunhagem estabilizaria o preço de mercado. Na prática o preço de mercado com freqüência dominou o preço de cunhagem, revelando que a taxa de cunhagem era contraditória e estabelecia um *dumping* à moeda sobrevalorizada e acúmulos das subvalorizadas. Esta lei não é limitada ao bimetalismo, se aplicando para dois metais, moeda metálica e papel moeda, duas moedas, depósitos e espécie — quaisquer dois ativos que tenham uma relação de preço usual entre eles. Nutro uma preocupação *a la* Lei de Gresham sobre a recente prática francesa de estar formando seus superávits em ouro e pagando seus déficits pegando empréstimos em dólar no mercado de euromoedas via corporações paraestatais, tais como Electricité de France, tornando-se abastada de ouro e carente de dólar. Mesmo com os pagamentos futuros equilibrados em bases racionais, existe o perigo da Lei de Gresham aqui se o ouro se tornar mais volátil.

Posições nos mercados futuros de câmbio

Em terceiro lugar, dever-se-ia abrir espaço na equação (4b) para alguma posição substancial do Banco Central em moeda futura que oculta a posição *spot*. Contratos futuros entram nos balanços apenas como nota de rodapé, e é claro como afetando ambos, passivos e ativos futuros. Mas alterações nas posições futuras de um país diante do resto do mundo, como mudanças nos estoques de mercadorias de exportação ou importadas, dissimulam o que está ocorrendo de fato, ou o que houve. Em 1927 e 1928, o Banco da França, sob a tutela de Emile Moreau, dissimulou seus interesses em Londres fazendo *swap* de esterlina *spot* no mercado futuro com o mercado privado francês (Liga das Nações, 1944, p. 36). As libras pareciam ser de propriedade privada, quando estavam de fato sendo mantidas pela autoridade monetária. Em 1967, o Banco da Inglaterra escamoteou seu déficit significativo vendendo dólares no mercado futuro ao invés de no *spot*. Estas vendas futuras representaram uma demanda encoberta por reservas inglesas. Um grande número de economistas assumiu a posição, incluindo uma dica de Keynes no *Tract on Monetary Reform*, de que autoridades monetárias não precisariam realmente de reservas: elas poderiam vender moeda estrangeira indefinidamente, rolando todos os contratos quando maturassem e cobrir os déficits correntes vendendo mais (1924). Esta visão se apresentou a partir de um brusco despertar em 1967, quando o mercado de câmbio pensou que era provável que os contratos futuros do Banco da Inglaterra excedessem suas reservas. A partir deste momento o mercado ficou sem disposição de continuar estendendo contratos antigos, e demandou a entrega de dólares quando os contratos maturassem.

Com a obstinação da idade, gostaria de recorrer aqui à posição sobre mercado de câmbio tomada na minha dissertação, uma posição à qual me ative enquanto a literatura se alçava nas mais diversas direções. Esta posição é a de que mercados futuros para moeda estrangeira ou estão unidos ao mercado *spot*, via arbitragem, ou não estão. Quando estão conectados, eles não nos dizem nada além do que podemos deduzir a partir da taxa *spot* e das taxas de juros relativas nos dois mercados. Dois mercados unidos são um mercado, e em um mercado único há apenas um preço. A taxa futura se move até a paridade com a taxa de juros e se mantém lá. Não pode servir nem como uma estimativa exata da taxa futura, como pensaram muitos economistas, nem como um estimador não viesado da taxa futura, posição para a qual os econometristas se moveram no momento em que suas tentativas de mostrar o primeiro resultado se provaram ilusórias. Além disso, quando a taxa futura com arbitragem se move para o nível do diferencial de juros, o mercado futuro agrega muito pouco à capacidade de geração de posições *hedge*; firmas grandes com acesso a crédito em ambos os mercados podem fazer *hedge* comprando em um mercado e investindo o ganho *spot* em instrumentos de curto prazo no outro. O assunto é apenas saber se, enquanto uma questão de custos de transição, é mais barato fazer *hedge* no mercado *spot* ou no mercado futuro, e para firmas grandes os custos são com freqüência menores no mercado *spot*.

Se os mercados futuro e *spot* não estão unidos, digamos, porque a arbitragem é proibida, algo que se aproxime da arbitragem entre importadores e exportadores aparecerá transitando entre os mercados *spot* e futuro equivalente às variações de prazos de pagamento no comércio, quando movimentos de capital de curto prazo são proibidos; mesmo neste caso o mercado futuro tem que se equilibrar e pode refletir as visões de comerciantes e especuladores sobre a taxa *spot* futura, possivelmente corretas, ou pelo menos de maneira não viesada. Nesta circunstância, o mercado futuro tende a ser pequeno, errático e relativamente inútil para fazer *hedge*, que continua sendo possível, na ausência de controles de câmbio, via mercado *spot* e pegando e tomando empréstimos. Paul Eizing criticou esta minha antiga proposição, com base em ser "estática", enquanto sua visão era "dinâmica"(1937), palavras que não carregam qualquer sentido claro para mim neste contexto. Suponho que ele quis dizer que a arbitragem entre dois mercados estava em algum lugar entre perfeita e zero, portanto ambos os resultados nos extremos são irrelevantes. Mas até que alguém tenha alguma idéia sobre se a arbitragem está mais próxima de zero ou da perfeição, e estável em montante e variação, é difícil dizer qualquer coisa sobre o mercado futuro de câmbio.

A sistemática antiga

Deixe-nos, porém, colocar de lado estas qualificações e diversidades e retornar à sistemática. Em meu esforço de 1937, dividi movimentos de capital de curto prazo em "autônomos", movidos por considerações tais como fuga de tributação confiscatória; "compensatórios", isto é, respondendo diretamente a mudanças em outros itens no balanço de pagamentos, como créditos comerciais fizeram ou a contrapartida de empréstimos de longo prazo; "induzidos", que responderam a alterações nas taxas de juros; e "especulativos", reagindo a mudanças correntes ou projetadas nas taxas de câmbio.

Liquidez e balanço oficiais

Enquanto estou inclinado a abandonar o esquema de classificação antigo completamente, a discussão no pós-guerra continuou em outras linhas, motivadas parcialmente por medos semelhantes aos de Triffin (1958), que estimulou em Walther Lederer, naquela época pertencente ao Departamento de Comércio dos EUA, e posteriormente parte da equipe do Tesouro, à criação da "definição de liquidez" do equilíbrio do balanço de pagamentos;

$$X - M - LTC - STC_{US} = 0 = STC_f$$

(Abandono o ouro.) STC_{US} é o capital de curto prazo pertencente às firmas e famílias dos Estados Unidos, e STC_f representa direitos a curto prazo de estrangeiros nos Estados Unidos. O argumento de Lederer era de que os direitos americanos no exterior eram largamente vinculados a créditos comerciais indisponíveis como provisão em casos de eventuais fugas de depósitos em dólares, representadas potencialmente pelo montante de STC_f. Deve-se então, na sua opinião, atender a transferência real de créditos americanos de curto prazo com fluxos de capital de longo prazo requeridos pelo equilíbrio básico. Esta definição de equilíbrio foi debatida energicamente, e deliberada como não satisfatória por muitos, por um comitê especial designado para analisar a questão (Review Commitee, 1965). O comitê propôs uma nova definição de equilíbrio, chamada de "balanço oficial", baseada na divisão do capital de curto prazo nos componentes oficial e privado, STC_o e STC_p, respectivamente. O equilíbrio então ficava sendo:

$$X - M - LTC - STC_p = 0 = STC_o$$

Considerando que a "definição de liquidez" supunha que os mais diversos direitos americanos distribuídos pelo mundo não poderiam ser mobilizados, e dos estrangeiros era esperado que a qualquer instante solicitassem a liquidação de seus direitos naquela praça, a "definição oficial" supunha que todos os proprietários privados de capital de curto prazo, americanos ou estrangeiros, manteriam seus direitos voluntariamente, enquanto as autoridades estrangeiras só manteriam seus dólares sob pressão, e que aumento nestes dólares, em última instância, representava um déficit.

Os Estados Unidos como um banco

A definição oficial continha várias deficiências, tais como a dificuldade de identificar o proprietário em última instância do equilíbrio estrangeiro quando os bancos centrais assumem a obrigação dos *swaps* futuro/*spot* em dólares em seus próprios mercados como forma de fazer operações de *open market*. A maior objeção a ela, porém, era a idéia de que bancos centrais estrangeiros mantendo dólares não teriam uso para eles. Foi quando Emile Despres, Walter Salant e eu escrevemos "O Dólar e a Liquidez Mundial: uma Visão Minoritária", publicada no *Economist* em fevereiro de 1966 quando Fred Hirsch era o editor financeiro. (Depres et al., 1966, reimpresso por Kindleberger, 1981, cap. xi.) Em nosso entendimento, nenhuma destas definições de equilíbrio, ou aquelas elaboradas por Bergsten, Lary e outros (Kindleberger, 1969 (1981)) foi de grande ajuda para o entendimento do que estava se passando. Nós sugerimos que sob uma visão sensata os Estados Unidos não estiveram em desequilíbrio durante os anos 1950 e na primeira metade dos 1960. Na verdade, esteve envolvido em intermediação financeira, emprestando a longo e tomando a curto, fornecendo liquidez para o mundo. Balanços estrangeiros estavam acumulados em dólares, não porque os Estados Unidos tivessem um déficit em conta corrente, mas porque o país fez empréstimos fora e forneceu auxílio, ao mesmo tempo que possuía abundância em termos de superávit na conta corrente. Os EUA estavam, na realidade, agindo como banco do mundo. Os depósitos dos bancos bem-sucedidos aumentam ano após ano, tais como os dos Estados Unidos. Os outros países eram como firmas: um aumento nos direitos estrangeiros em sua praça, em termos líquidos, refletia um déficit. Bancos e firmas diferem quanto a sua vulnerabilidade a passivos líquidos, a magnitude apropriada de suas taxas de reserva (para firma, taxa de ativos líquidos), e a capacidade de emprestar a longo e tomar a curto. Para firmas, e para países que não os Estados Unidos, o equilíbrio básico era a definição apropriada do equilíbrio (equação 4b). A assimetria entre a definição de equilíbrio para os Estados Unidos e aquela aplicável a outros países é exatamente equivalente àquela sob o padrão ouro para os produtores de ouro, e países que compravam ouro para ampliar as suas reservas. Na primeira instância o ouro era um artigo de exportação. Para o importador, era dinheiro em uma categoria bem diferente no balanço de pagamentos.

Nosso artigo de 1966 foi considerado interessante, mas não persuasivo. Talvez não tenhamos dado conta das operações bancárias de alto risco quando os bancos continuam criando depósitos através de empréstimos sem manter reservas ou capital concomitantemente. Os Estados Unidos finalmente concordaram em 1966 com a criação dos Direitos Especiais de Saque (os S.D.R.), inventados por alguns economistas por causa da alegada necessidade de liquidez mundial, porque os Estados Unidos, tal como um banco, precisaram de um meio de ampliar suas reservas para quando o ouro estivesse sendo estocado. Reservas para os outros poderiam ser criadas pela intermediação financeira internacional, tomando a curto e emprestando a longo. Apenas os Estados Unidos não poderiam criar reservas desta maneira. Milton Gilbert, Peter Oppenheimer e alguns outros queriam aumentar a liquidez mundial através do aumento do preço do ouro, uma prática recomendada, se não me falha a memória, por Hayek nos anos 30. A maior parte deles pensava então, de alguma forma, que alterações contínuas no preço do ouro destruiriam a mística do ouro ainda mais rápido do que este desapareceria — não, estas palavras são muito duras porque o instinto ancestral, para não dizer freudiano, permanece potente em vários distritos.

O colapso de Bretton Woods

Caso se rejeite o equilíbrio básico como o critério de equilíbrio para os Estados Unidos, o equilíbrio de liquidez, e o equilíbrio das transações oficiais, o que resta? Julgar a saúde de um banco não é, na minha ótica, uma questão de balanços e taxas precisas, como uma recente discussão sobre falências bancárias nos Estados Unidos demonstra amplamente. Em falências bancárias, a discussão gira em torno do acrônimo CAMEL, onde C significa capital, A, qualidade dos ativos, M, gerenciamento, E, ganhos, e L, liquidez (Flannery e Guttentag, 1980, p.172). Eu pensaria que os Estados Unidos tiveram uma performance satisfatória em tudo até a guerra do Vietnã, menos liquidez. Mas apesar de adequado para um banco comercial, CAMEL não é suficiente para o centro financeiro mundial. Uma performance satisfatória requer não apenas liquidez acompanhando o ritmo em algum nível dos passivos externos de curto prazo, mas também resistência à inflação. Talvez isso devesse ser incluído em M gerenciamento. Com respeito a isto, a performance americana de 1964 a 1979 foi lamentável. O mundo sentiu a falta de dólares em posições especulativas, com a segurança conhecida como a única opção. Em 1968, os Estados Unidos quebraram o *pool* de ouro londrino que tinha sido o principal mantenedor, substituindo-o pelo sistema de duas faixas *two-tiers system*. Em 1971, perpetrou a recusa de pagar qualquer coisa em ouro (Gowa, 1983), e, em 1973, estabeleceram-se taxas de câmbio flexíveis. A depreciação do dólar deu um impulso à inflação nos Estados Unidos.

A bem-sucedida pequena especulação contra o dólar nos leva de volta à sistemática de 1937 e aos movimentos de capital especulativos. Especulação com moeda estrangeira — uma posição aberta ou exposta — é possuir um balanço não zerado de direitos ou passivos em moeda estrangeira. Pode-se debater o que deve ser considerado como ativo ou passivo em moeda estrangeira além de numerário, passivos a receber e correntes fixados em moeda estrangeira. Optei por excluir estoques, plantas e equipamentos, e desconsiderar os ativos e dívidas de mais longo prazo. Se colocarmos de lado as razões técnicas, existem dois motivos para manter posições a descoberto: uma, porque pode-se estar pensando que a taxa de câmbio vai mudar, e deseja se beneficiar, e outra, porque pensa-se que nada vai mudar, e portanto é apropriado ignorar completamente o risco da mudança. No caso de bônus de longo prazo, como apontado na primeira aula, os mercados parecem pensar, ao contrário do que a maioria de nós preveria, que uma alteração líquida na taxa de câmbio por um período longo é sobrepujada por diferenças substanciais na taxa de juros. Os movimentos de capital de longo prazo ignoraram os riscos de câmbio. É mais comum que os capitais de curto prazo o encampem.

Um problema para as autoridades monetárias tentarem estabilizar uma moeda depois da II Guerra Mundial foi colocado pelo aumento gigantesco no volume de transações em moeda estrangeira. Vários centros aumentaram conjuntamente a liquidez. Corporações multinacionais, incluindo bancos, operaram mais extensivamente pelo mundo, mais preparadas para mover dinheiro por longas distâncias. Além do crescimento em termos reais do PNB, a inflação aumentou os montantes nominais do capital móvel. Os horizontes dos participantes do mercado monetário foram ampliados pelas melhorias nos transportes e nas comunicações, habilitando-os a contemplar um conjunto mais ampliado de alternativas de emprego para o dinheiro. Um pesado vazamento em um grande centro financeiro antes da II Guerra Mundial foi de 100 milhões por dia. Em picos da crise financeira, como em 1964, 1967, 1971, 1979 e similares, uma corrida adversa poderia diminuir as reservas dos bancos centrais em alguns bilhões de dólares em uma única transação.

O mercado de euromoedas

Além da liquidez aumentada de centros financeiros particulares, a liquidez mundial foi aumentada nos anos 1960 e 1970 pelo desenvolvimento do mercado de euro-moedas, transacionando, na Europa originalmente mas posteriormente em praças como Bahein e Cingapura, moedas, particularmente dólares, em países outros que não os emissores desta moeda. O mercado foi se desenvolvendo aos poucos em virtude de um detalhe: a Regulação Q nos Estados Unidos limitando os juros pagos a depósitos datados não se aplicava a depósitos de estrangeiros. Os dólares depositados na agência de Londres de um banco americano e redepositados em Nova York escapavam deste limite. Havia ainda outras vantagens em se transacionar em euromoedas, escapar das exigências de reservas, taxas para seguro e possíveis investigações ou intervenções pelas autoridades monetárias nacionais (de especial interesse dos russos detentores de dólares), e trazendo os bancos dos Estados Unidos via suas filiais européias para a mesma zona horária dos maiores bancos europeus. O mercado de euro-moedas formou uma interconexão intrigante entre os maiores centros financeiros, reforçando as conexões bilaterais que existiam entre os pares.

Nos alicerces dos anos 60, além disso, estabeleceu-se um grande erro na política monetária, reduzindo as taxas de juros nos EUA em um momento que as autoridades alemãs buscavam recrudescê-las. Os fundos emanaram dos Estados Unidos para o mercado de eurodólar. A base não foi apenas estabelecida para empréstimos a prazo para a América Latina, via empréstimos sob a égide de bancos, mas também para especulação em moeda estrangeira em escala crescente. Bancos inexperientes se viram tendo perdas substanciais pelas especulações cambiais. Em 1974, ambos, Herstatt Bank of Colgne e o Franklin National Bank of New York, foram fechados pelas autoridades. Ambos erraram na previsão da direção do movimento na taxa de câmbio a descoberto. A exposição do Herstatt foi um décimo da do Franklin National, um banco especulativo com ficha suja em virtude de empréstimos para negócios arriscados em Nova York: foi para Londres tomar empréstimos por falta de uma base sólida de depósitos em sua terra natal, e especulava com moeda estrangeira com tal exposição que uma vez chegou a $ 2 bilhões (Spero, 1980, p. 113).

Especulação novamente

A especulação pode ser estabilizadora e desestabilizadora, dependendo se os especuladores têm expectativas elásticas ou inelásticas. Com expectativas inelásticas, pensando que a taxa irá voltar ao seu nível anterior, os especuladores compram quando os preços caem, e vendem quando eles sobem. Com expectativas elásticas, por outro lado, uma alteração no preço é pensada como o sinal de um movimento ampliado em determinada direção, e os especuladores compram quando o preço da moeda estrangeira sobe, e vendem na baixa. Como apontado no capítulo 2, Milton Friedman nega a possibilidade de especulação desestabilizadora com base na teoria darwiniana de que se especuladores comprassem na alta e vendessem na baixa eles perderiam dinheiro e seriam levados à falência. Mas a teoria convencional não se refere a todos os especuladores, mas aos profissionais, que levantam a taxa e vendem no ápice, e levam para baixo e cobrem suas vendas a curto no ponto mais baixo. As pessoas às quais eles venderam na alta ou de quem compraram na baixa de fato perdem dinheiro. Estes podem ser especuladores desinformados e preguiçosos. Eles são normalmente os bancos centrais, tentando sem sucesso estabilizar a taxa.

Os bancos centrais não podem quebrar, é claro, desde que seus passivos sejam usados como moeda ou *high-powered money* em propriedade do sistema bancário doméstico. Se mantivessem reservas em moeda estrangeira que caíram de preço — dólares, por exemplo, comprados a 4 marcos o dólar que caíram para 2.5 marcos o dólar — eles teriam falido se fossem um banco comum forçado por inspetores a "avisar o mercado", mas os bancos centrais não são bancos comuns. Ou bem eles despreocupadamente mantêm a moeda estrangeira em seus livros como custo, ou cobram a perda ao governo que emite um direito especial que se transforma em outro ativo do banco central. Não. "Despreocupadamente" é muito forte. Bancos centrais não gostam de incorrer em tais perdas intensamente, o que é o motivo pelo qual em uma corrida contra a moeda eles vão converter dólares ou esterlinas em ouro. Mas eles deveriam ficar menos preocupados. O perigo de uma perda nacional de longo prazo deveria preocupar menos que o perigo de uma crise cambial derivada da participação junto com especuladores em uma corrida, ao invés de estabilizar o sistema, nadando contra a corrente.

Existem registros de casos, porém, de especuladores profissionais perdendo pesadamente. Em 1924, o Banco da França, com a ajuda de 100 milhões de empréstimos do J. P. Morgan e Company, aplicou uma pressão contra os especuladores cambiais, elevando a taxa do franco de 123 a libra em 8 de março (140 no mercado futuro para 3 meses) para o valor de 68 em maio, induzindo perdas pesadas e até falências bancárias na Holanda, Alemanha e Áustria (Debeir, 1978). Não está totalmente claro quais definições de estabilizador e desestabilizador Friedman e outros estão usando quando negam a possibilidade de especulação desestabilizadora. Em definições convencionais, usando comportamento aproximativo de preço, o mapeamento ou as grandes variações nas taxas, ou movimentos de saídas da paridade de poder de compra, é difícil encontrar alguma justificativa para esta posição.

Teoria psicológica do mercado de câmbio

Durante os turbulentos anos 1920, um economista francês, Albert Aftalion, propôs a teoria psicológica do mercado de câmbio. Esta afirmava que as taxas de câmbio eram controladas por sentimentos, ou seja, se o mercado monetário aprovava as políticas macroeconômicas ou não. Sob más notícias o franco desvalorizaria, sob boas notícias valorizaria. As autoridades monetárias estavam impotentes sob as circunstâncias do período de 1923 a 1926 porque a dívida do governo francês tinha, em boa parte, maturidade de seis meses. Um montante expressivo de dívida vencia a cada semana e tinha que ser rolada ou paga. Todas as tentativas de fixar investidores em prazos de maturação mais longos falharam. Caso desejasse, o mercado monetário poderia forçar o Banco da França a monetizar uma soma significativa a cada semana, insistindo em receber no prazo o rendimento dos bônus do Tesouro que equipariam o mercado com francos que poderiam ser utilizados para comprar moeda estrangeira. Exportações dinâmicas e um declinante déficit orçamentário do governo eram de pequena importância comparados com as respostas do mercado a eventos políticos.

CAPITAL DE CURTO PRAZO

A teoria psicológica dos mercados de câmbio era desdenhada fora da França neste período e na análise subseqüente, mas parece estar sendo retomada, baseada na força do dólar desde 1980 até fevereiro de 1985 ou setembro de 1985 no enfrentamento de fundamentos adversos. No seu livro, *The Arena of International Finance*, Charles Coombs, o antigo negociante cambial do Federal Reserve Bank of New York e do Fundo de Estabilização do Tesouro dos EUA, afirmou duas vezes (1976, pp. 116, 235) que negociantes cambiais podem perder suas camisas apostando nos fundamentos de longo prazo, como o oposto de "forças de mercado" — leia-se fatores psicológicos. A maior parte dos economistas pensam que o dólar estava seriamente sobrevalorizado — por talvez 30 ou 40 por cento — nos primeiros três quartos de 1985, quando o déficit americano em conta corrente era de $ 130 milhões e com valores maiores à vista. Agentes de câmbio profissionais vinham avisando seus clientes desde 1982 de que o dólar estava muito elevado e previam uma queda. Mas este se manteve subindo, chegando ao seu pico em fevereiro de 1985. Desde então foi puxado para baixo em nível significativo, especialmente contra o iene, onde o déficit bilateral dos EUA era o mais agudo. Em parte, a queda foi uma resposta atrasada aos fundamentos em oposição à teoria psicológica do mercado de câmbio que levou alguns observadores a prever que o dólar se manteria forte, e até iria se reforçar, enquanto o presidente Reagan estivesse na Casa Branca e Paul Volker na presidência do Federal Reserve Fund.

Na primavera de 1985, porém, ocorreu uma mudança que produziu impactos psicológicos em direções opostas. Quando James Baker e Donal Regan mudaram de lugar na administração Reagan, Baker deixando o *staff* da Casa Branca para tomar posse da secretaria do Tesouro e Regan saindo do tesouro para a Casa Branca, uma alteração na atitude do governo sobre o dólar e as finanças internacionais foi gerada. Regan, possivelmente influenciado pelo economista monetarista Beryl Sprinkel, foi um forte apoiador da aceitação de qualquer taxa de câmbio determinada pelo mercado. Na primavera de 1985, quando os bancos centrais europeus e o Banco do Japão tentaram derrubar o dólar trocando todas as suas reservas em dólar por moeda local, o Federal Reserve Bank of New York, que não operava em moeda estrangeira a não ser sob instrução do Tesouro, trocou dólares por moeda estrangeira de uma forma evidentemente pouco inspirada, convencendo os especuladores de que o movimento fracassaria. Quando posteriormente Regan deixou o Tesouro, Sprinkel pulou para a presidência do Conselho Consultivo de Economistas, um posto sem responsabilidades operacionais. Em setembro de 1985, o secretário Baker conclamou uma reunião dos cinco ministros dos centros financeiros líderes — República Federativa Alemã, França, Japão, Reino Unido e Estados Unidos — no Hotel Plaza em Nova York, onde um acordo para a desvalorização do dólar foi estabelecido. Iniciativas posteriores foram tomadas para compelir os bancos comerciais a renovarem empréstimos maduros aos países de Terceiro Mundo e para emprestar mais, e, em 1986, decidiu-se coordenar a redução das taxas de juros nos vários mercados financeiros do mundo, bem como estimular a produção pelo mundo industrial sem aumento nos fluxos de capital de curto prazo. É muito cedo para se chegar a uma conclusão decisiva sobre se a administração Reagan mudou de visão sobre política monetária internacional, taxas de câmbio flexível e cooperação, portanto o presidente ordenou ao secretário Baker (sem dúvida sob a própria iniciativa de Baker) estudar estes temas e informar no outono de 1986.

Passivos para estrangeiros e oferta de moeda

Esta discussão de capitais de curto prazo é talvez inconsistente, mas existe uma série de tópicos que merecem ser abordados, mesmo que apenas como um rol do que foi ferozmente debatido e como uma agenda de pesquisa. Uma questão é se depósitos bancários deveriam ser contabilizados como parte da oferta monetária. Nos anos 30, nos Estados Unidos, não eram. Hoje em dia são. Espero ser perdoado por deixar de precisar exatamente quando a mudança definicional ocorreu. Uma argumentação pode ser construída tanto para a inclusão quanto para a exclusão. Balanços externos se revertem contra importações e exportações, isto é, de bens e serviços, e são usados por estrangeiros para se fazer e desfazer investimentos domésticos. Uma base para a exclusão, por outro lado, é que estes são mais próximos à quase-moeda, mantidos principalmente para liquidez, como reservas, especialmente nos balanços pertencentes a bancos centrais estrangeiros. Mas pode-se também pensar em termos de usos alternativos de depósitos domésticos e de propriedade estrangeira. Estrangeiros que possuem dólar para especulação de curto prazo presumivelmente têm usos alternativos diferentes, isto é, diferentes custos de oportunidade, dos proprietários nacionais.

MOVIMENTOS INTERNACIONAIS DE CAPITAL

O tema surgiu na discussão da inflação alemã de 1923. Holtfrerich observou que um elemento significativo no curso da inflação foi dado pelas transformações nas expectativas estrangeiras, especialmente a americana. Quando o marco originalmente caiu, após ter sido liberado dos controles em 1919, americanos, normalmente de origem alemã, compraram marcos, e este se equilibrou, prevendo um retorno eventual da taxa ao normal. Os americanos investiram em terra, títulos governamentais, ações, mas especialmente em espécie e depósitos a vista. Holtfrerich atentou para o fato de que 45 por cento da oferta monetária alemã estava nas mãos de estrangeiros, e o Reichbank teve que emitir mais moeda para suprir os negócios domésticos (1982). Debeir, um francês, argumentou que não deveria existir diferença entre posse alemã ou americana de marcos. Ambos os grupos tinham acesso às mesmas informações, e ambos estavam em posição para especular contra o marco. Em 1924-6, quando houve uma especulação contra o franco francês, era verdadeiro que havia especulação externa, mas a maior parte do dinheiro que saiu do país era francês. Neste assunto, é difícil ser dogmático. No caso alemão, americanos e alemães possuidores de marcos tinham usos alternativos diferentes para eles: se comprasse bens, o americano preferiria comprar bens americanos, enquanto o alemão preferiria comprar bens alemães. Marcos em propriedade de americanos tinham velocidade diferente dos nas mãos de alemães, ou pertenciam mais completamente à circulação de liquidez (para usar a distinção de Keynes do *Treatise on Money* (1930)), enquanto os balanços alemães estavam mais concentrados em circulação transacional. No caso dos balanços franceses na Inglaterra, após a estabilização de

CAPITAL DE CURTO PRAZO

Poincaré em 1926, não havia nenhuma probabilidade séria de que se manteriam na Inglaterra e constituiriam parte da sua oferta monetária regular. Seu hábitat normal, como alguns teóricos monetários costumam conceber, era a França. A questão não era se voltariam para a França, mas quando voltariam e a que taxa de câmbio.

No mundo de hoje, as coisas podem ter mudado um pouco, pelo menos em circunstâncias especiais. Os pesados empréstimos tomados pelo México entre 1979 e 1982 foram parcialmente para investimento de crescimento, parcialmente para dar conta do déficit na conta corrente causado pelo consumo inflacionário *spilling over* nas importações. Era, de qualquer forma, em grande medida demandado que se financiasse a exportação de capital para os Estados Unidos. Um jornalista estima que no período 1974-85 o México tenha tomado emprestado 97 bilhões via bancos e usou a metade para financiar 50 bilhões de fuga de capital. As estimativas são muito imprecisas, mas para se ter uma idéia geral a saída de capital da Argentina chegou a 6 por cento de seus empréstimos tomados no exterior, na Venezuela este valor foi de quase 100 por cento, enquanto para as Filipinas a taxa foi de 25 por cento e para o Brasil, 11 por cento. No caso mexicano, grosso modo, um *quantum* de seus empréstimos foram tomados a bancos dos Estados Unidos, mas uma porcentagem bem maior de fluxos de capital foram para este país, deixando os Estados Unidos no cômputo geral como devedor líquido do México (Henry, 1986).

Esta é outra forma de intermediação internacional ou reciclagem: bancos dos EUA emprestaram dinheiro para o México e os capitalistas mexicanos emprestaram dinheiro para os Estados Unidos comprando depósitos em dólares nos bancos dos EUA. Se o dinheiro fluir para os bônus do Tesouro americano e para notas é como se os bancos americanos tivessem emprestado para o Tesouro por um caminho via Cidade do México.

Se os capitalistas mexicanos em algum momento repatriassem os fundos para o seu hábitat normal, teriam tido lucros substanciais e as autoridades monetárias mexicanas as perdas correspondentes. Ao mesmo tempo irão recuperar significativos montantes de dólares disponíveis para reduzirem suas dívidas com bancos estrangeiros. Por outro lado, com a crescente internacionalização das práticas de pagamento dos negócios médios, várias firmas mexicanas podem decidir deixar as transações se equilibrarem no exterior, desenhando-as para pagamentos domésticos e estrangeiros conforme necessário. No Israel inflacionário, uma boa porção das transações internas eram fechadas em dólar. Poderá chegar o dia, se é que ainda não chegou, quando negócios em vários países usarão dólares, marcos alemães, francos suíços ou iene virtualmente em todo lugar, criando confusão para estatísticos e monetaristas sobre o que deveria ser contabilizado na oferta monetária nacional.

Como Shakespeare, Samuel Johnson, Mark Twain e Adam Smith, Bagehot é cheio de citações. A minha favorita é "um homem de negócios na Inglaterra não gosta de questões monetárias. Eles ficam perplexos em definir apropriadamente o que é moeda; como contabilizar eles sabem, mas o que contar eles não sabem" (1857(1978), IX, p. 319). Bagehot, é claro, estava discutindo moeda, notas e depósitos de vários tipos — e a lista poderia se expandir hoje em dia — dentro das variedades domésticas. Nas circunstâncias presentes, alguns resultados em centros financeiros talvez pertençam à oferta monetária em um sem-número de países.

Mais intermediação financeira internacional

A intermediação financeira internacional foi discutida nestas aulas de várias formas: grandes movimentos de ida e volta de capitais de longo prazo, capital de longo prazo em uma direção e ouro e capital de curto prazo na outra, mexicanos tomando empréstimos no exterior via bancos comerciais e exportando capital para os países credores em vôos especulativos. Gostaria de recuperar dois princípios antiquados de emprestar a longo e tomar a curto, e vice-versa, e não apenas por interesse arqueológico. Tenho em mente a tradicional estrutura de crédito dos governos da Commonwealth e talvez de negócios em Londres, e os *currency boards* coloniais do império dependente operando em esterlinas.

No caso típico de tomar empréstimos a longo prazo, um governo venderia títulos em Londres e manteria os rendimentos enquanto esperava o vencimento, portanto tomando a longo e emprestando a curto metade dos rendimentos, em média, além do período de pagamento. Em alguns *domínios*, notadamente a Austrália, o *timing* era o inverso. Os governos federais e estaduais financiariam seus gastos no exterior via *overdraft*, portanto tomando empréstimos de curto prazo, e atrasando o venda de bônus até que o *overdraft* acumulado tivesse alcançado proporções tais que os bancos de Londres pensassem já ser a hora de pagá-los. Em vez de tomar e emprestar de volta os rendimentos por certo tempo, a Austrália tomaria empréstimos sem colateral e depois pagaria o *overdraft* com um empréstimo de longo prazo, terminando com um débito a longo e uma linha de crédito limpa. O sistema funcionou bem até 1928, quando o mercado de longo prazo para títulos estrangeiros encolheu. Com grandes *overdrafts* e a impossibilidade de tomar a longo para reduzi-los, a Austrália teve que depreciar sua libra quase que imediatamente, quando o problema chegou em outubro de 1929.

O conselho de controle monetário colonial logo depois da II Guerra Mundial ganhou uma reputação ruim que penso ser imerecida. Estes conselhos nas colônias dependentes, tais como Costa do Ouro, Jamaica, Quênia, Malásia e similares, emitiam moeda local contra posse de esterlinas. Vários pesquisadores declararam que as pobres colônias estavam sendo coagidas a emprestar dinheiro à rica Inglaterra — pelo menos era então tida como rica. Mas o erro era o mesmo que penso detectar na abordagem monetária do balanço de pagamentos. Resultados coloniais em Londres não eram sempre acumulados via superávits de exportação. Moeda estrangeira pode ser tomada. Os conselhos da moeda coloniais tipicamente tomavam a longo em Londres para adquirir esterlina. A liquidez era obtida à custa das diferenças entre as taxas de juros de curto e de longo prazos. O caso da intermediação financeira internacional arruína o argumento daqueles que declaravam que Londres explorava as pobres colônias negras, enquanto ajudava suas grandes irmãs brancas, os *domínios*, como coloca Dennis Robertson (1953). O mesmo raciocínio posteriormente destrói o argumento de que os Estados Unidos ganham bilhões em senhoriagem no padrão dólar-moedas. Se lá não

CAPITAL DE CURTO PRAZO

houvesse interesse em direitos estrangeiros de curto prazo em dólar, se os proprietários de dólares não fossem livres para transferi-los para onde quisessem, e se o mundo não tivesse tomado a longo prazo em Nova York, a acusação poderia ter tido mais substância. Neste evento, de qualquer forma, os Estados Unidos ganharam a diferença entre as taxas de juros de curto e longo prazo como pagamento por prover liquidez via intermediação; este pagamento foi relativamente pequeno porque a estrutura de prazos das taxas de juros nos Estados Unidos era mais estreita que na maior parte dos países, mantendo resultados positivos de balanços em dólar.

O sistema de conselhos da moeda colonial não foi ruim em termos de operações. Se uma colônia operasse um déficit, este drenava suas reservas em esterlinas e era forçada a cancelar uma soma equivalente de dinheiro em casa, portanto promovendo um ajuste no balanço de pagamentos. Adicionalmente, o déficit tinha seu financiamento garantido adiantado. Emaranhando a intermediação e o déficit, a operação poderia ser considerada como sendo a transferência interna em última instância em termos reais de empréstimos de longo prazo que gerava o equilíbrio da esterlina. Talvez fosse desnecessário fazer as variações da moeda doméstica esterlina se equilibrando libra por libra com a esterlina em média. Como na organização do Banco da Inglaterra, poder-se-ia ter uma substancial "emissão fiduciária" de títulos do governo nacional contra os quais não havia reservas cambiais em espécie, mas reservas de um para um em moeda estrangeira. Na margem, o sistema era seguro e eficiente, quase equivalente à prática atual das corporações multinacionais tomado a longo quando percebem um grande projeto e mantendo os rendimentos como resultados inexpressivos até o momento de gastá-los no projeto. Quando foi abandonado com a independência das colônias, os problemas começaram. Uma defesa análoga do padrão ouro ou dólar é expressa na equação (7) do segundo capítulo, observado do ponto de vista do capital de curto prazo, não o de longo.

Moeda estrangeira como ativo de reserva — uma regra simétrica?

Se moedas estrangeiras são utilizadas como moeda internacional, por que isto deveria ser assimétrico? Como veremos na discussão de *swaps*, em crise não é necessário que seja. Para os exercícios habituais, porém, devem ser. Existe um problema N-1 aqui. Se qualquer país alcança um equilíbrio bilateral, o país em superávit adquirindo moeda estrangeira e o em déficit gastando-as, o sistema fica indeterminado. As autoridades monetárias em ambos os lados podem se ver ambas correndo, ou ambas esperando da forma Gaston-Alphonse. Alguns economistas clamaram por uma regra, ou o país em superávit é sempre quem age enquanto o país em déficit é passivo, ou vice-versa. Nenhuma destas regras é sustentável. Se o país em superávit acumula moeda estrangeira no país em déficit a cada flutuação próxima à posição de equilíbrio de longo prazo, reservas internacionais continuarão se amontoando, nunca se reduzindo. Se o país em déficit sempre as gasta, as reservas mundiais cairão continuamente. O único instrumento para as reservas mundiais em tendência estável é ter um centro de reserva que é passivo, enquanto os outros aumentam suas reservas em períodos de superávit, e as reduzem em déficit. De acordo com a regra mundelliana, o centro de reserva deveria manter seu nível de preços estável, se despreocupando de seu balanço de pagamentos, que é a contrapartida do balanço de pagamentos de seus parceiros comerciais. Se os balanços dos últimos se somam algebricamente no tempo zero, também será assim no centro.

A rede de *swap*

Swaps são um assunto diferente. *Swaps* são necessários para crises cambiais. Estes fornecem liquidez instantânea. Na tendência sou monetarista, mas na crise acredito nas novas soluções de moeda. Há claramente uma ambigüidade aqui, como freqüentemente em economia: como se volta à tendência após a crise, ou como colocar o bom gênio de volta na garrafa após seu trabalho estar completado? Em um mundo de tendências e crise, de qualquer maneira, é uma receita para o desastre insistir em uma oferta monetária inelástica, tendo em mente apenas tendência, e negando a possibilidade de crise. Esta verdade foi descoberta várias vezes, de forma difícil, e enunciada tempos antes de Walter Bagehot por pessoas perceptivas tais como Henry Thornton, Sir Francis Baring e Thomas Joplin.

Swaps são invenções modernas, é claro, tendo sido criadas instantaneamente em março de 1961 quando da crise cambial inglesa pelo assim chamado acordo Basle, concluído entre os presidentes dos bancos centrais no Bank of International Settlements. A iniciativa veio dos Estados Unidos, e via propostas de Robert V. Roosa, o subsecretário do Tesouro, e

Charles Coombs, da Federal Reserve Bank of New York, que são desconhecidas para mim. Com o mercado de euromoedas, também, o desenvolvimento da rede de *swap* cresceu como Topsy, de forma evolucionária, em vez de emergindo totalmente amadurecido de acordos concluídos em conferência internacional chamada por nações líderes para resolver um problema específico. Apesar da prática ser recente, podemos observar o germe da idéia nas discussões datadas do século XIX (testemunho de Michel Chavalier, Ministère des Finance, et al., 1867, III, p. 105, VI, p. 187) e no período entre guerras durante a crise de 1931-3 (Jorgen Pedersen, *League of Nations*, 1934, pp. 132-3).

Porém os *swaps* funcionam apenas entre centros financeiros que confiam um no outro para na reorganização posterior à crise ter sido superada. Estão disponíveis não apenas para *insiders*. A doutrina do emprestador de última instância não está sujeita tanto ao paradoxo do risco moral — insegurança enfraquece o incentivo de se proteger contra o risco —, mas ao dilema ético de que enquanto se aprecia tomar conta de *insiders*, os *outsiders* são freqüentemente abandonados a um destino cruel. Existe um trauma recente dos bancos da "franja" de Londres em 1974, mas como um amante de história econômica, tenho fresco na memória os bancos regionais na França em 1848, a Union Générale of Lyons em 1881, o Banco dos Estados Unidos em 1930, e vários outros.

A disponibilidade de *swaps* para os centros financeiros sofisticados não é automática, certamente. Em 1965, a França retirou sua participação na linha de *swap* criada para o Reino Unido. Susan Strange considerou a ação como uma brecha no padrão da maçonaria dos bancos centrais (1976, p. 61).

CAPITAL DE CURTO PRAZO

Em 1977, todos os bancos centrais concordaram que a Inglaterra deveria procurar ajuda no Fundo Monetário Internacional primeiro, ao invés de, como em ocasiões anteriores, terminar lá para conseguir fundos para os vários *swaps* que realizaram e que acabaram não sendo revertidos em seis meses. O Terceiro Mundo, também, em várias ocasiões tomou um *swap* ponte do Federal Reserve Bank of New York enquanto esperava por deliberações de processos do FMI para levantar a ajuda necessária.

Controles de capital

O FMI não foi designado para combater crises financeiras. Foi aparelhado para lidar com dificuldades de reverter resultados de contas corrente de tipo reversível ou talvez de tipo não recorrente. Problemas surgidos de fluxos de capital eram para ser lidados pelos controles. Tão cedo quanto 1949, porém, foi descoberto ser impossível implementá-los nos movimentos de capitais de curto prazo sem controlar as barganhas de crédito de transações individuais na conta corrente. Capitais de curto prazo se moviam facilmente entre adiantamentos e atrasos, conforme os prazos de crédito variavam em exportações e importações. Os controles em capitais de longo prazo também não eram eficazes, especialmente em países latinos onde a tradição de aquiescência passiva para regulamentações dos governos é pequena. O Imposto dos Estados Unidos de Equalização de Juros, a emenda de Gore que estendia este imposto para empréstimos bancários, o Programa de Restrição ao Crédito Voluntário cobrindo o investimento direto, o Controle Mandatório que o substituiu, todos impostos nos anos 60 e removidos em 1972, em sua maior parte meramente desviaram a saída de capital dos Estados Unidos de um caminho para outro. As tentativas francesa e belga de estabelecer uma estrutura de taxa de câmbio dual, com mercados separados e taxas para transações de conta corrente e de capital, raramente desenvolveram taxas três ou quatro por cento além, quando a arbitragem encontrava a brecha na estrutura para penetrar. Nos anos 1930 a Alemanha e a Itália reforçaram seus controles cambiais com a pena de morte para violações, embora eu desconheça qualquer instância em que esta tenha sido levada a cabo.

Fugas de capital tomam várias formas e possuem vários estímulos. Entre os estímulos estão perseguições, impostos entendidos como confiscatórios, maiores ganhos possíveis no exterior que nacionalmente e similares. Mas fuga de capital em várias instâncias é uma forma da classe média lutar contra o governo. Trabalhadores entram em greve com piquetes, boicotes, ocupações e outras formas de expressar sua falta de disposição em cooperar. Em dois casos na França, depois que os trabalhadores chegaram a um acordo favorável — o Acordo de Matignon ganho pela Frente Popular em junho de 1936, e o Acordo de Grenelle seguindo os *evenements de mai-juin* (acontecimentos de maio-junho de 1968, quando manifestações estudantis foram seguidas por uma greve geral por parte dos trabalhadores) —, a classe média em oposição expressou sua insatisfação através da exportação de capital para o exterior. Uma leitura econômica estreita deve considerar a ação como uma posição especulativa baseada na perspectiva de uma desvalorização cambial. Uma visão sociopolítica mais ampliada chamaria isto de uma greve da classe média. Na Itália, em 1963, a identificação foi clara, já que não houve qualquer movimento inicial por parte dos trabalhadores: o governo socialista nacionalizou a indústria elétrica, e a classe média começou a carregar seu dinheiro em pacotes para a Suíça em tal medida que assaltantes de estradas passaram a achar lucrativo trabalhar na rodovia principal que levava a Lugano.

O mundo ficou desencorajado com o controle sobre movimentos de capital, considerando praticamente impossível legislar contra os espertos e os escorregadios. Vários países em desenvolvimento mantêm uma fachada de controle cambial, porém a situação da maior parte deles é porosa. O FMI confia nas políticas macroeconômicas, e cria comitês para restringir nas áreas monetárias e fiscal as condições para sua assistência. Existe naturalmente um desacordo considerável entre o Fundo e os países com problemas, apesar de o Fundo ser excessivamente ideológico em sua insistência em políticas contracionistas e ter alvos ambiciosos para redução inflacionária, excessivamente pronto a criticar os devedores com problemas quando alguns de seus empréstimos foram forçados a eles e algumas de suas dificuldades são resultado de circunstâncias além de seu controle (Williamson, 1983). Em defesa do Fundo, porém, pode ser dito que, ao mesmo tempo que bateu pesado nos países devedores, os ajudou, e também pressionou os países credores para esticar seus períodos de pagamentos de empréstimos antigos, reduzir encargos, e até adiantar novo dinheiro.

MOVIMENTOS INTERNACIONAIS DE CAPITAL

Coordenando política monetária

Após a II Guerra Mundial, os ajustamentos de balanços de pagamentos entre os países desenvolvidos foram feitos via coordenação de políticas macroeconômicas apenas de forma limitada. Sob o padrão ouro, de aproximadamente 1870 a 1913, foram considerados automáticos. Países ganhando ouro se expandiam; aqueles que perdiam ouro se contraíram. Houve ocasiões no período entre guerras, como em 1927, no estado de Long Island de Ogden Mills, que o secretário do Tesouro dos EUA, Montagu Norman, do Banco da Inglaterra, Chales Rist, do Banco da França, e Hjalmar Schacht, do Reichsbank, concordaram em aliviar a pressão sobre o ouro inglês e redirecionar as aquisições francesas de ouro de Londres para Nova York. Os resultados do Acordo Monetário Tripartite de 1936 foram minúsculos, ao menos em nível simbólico. Após a II Guerra Mundial, a cooperação na política monetária e fiscal avançou através de reuniões mensais de chefes de bancos centrais no Bank of International Settlements em Basle, via Grupo de Trabalho nº 3 da Organização para Cooperação Econômica e Desenvolvimento em Paris, e através de encontros ocasionais *ad hoc*, tais como aquele ocorrido em Chequers em 1968 na investigação de Henry H. Fouler, secretário do Tesouro dos EUA. Nos anos 1970 e 80, as reuniões de cúpula anuais entre cinco ou sete chefes de Estado foram inicialmente pensadas como oferecendo uma oportunidade econômica, mas se transformaram rapidamente apenas em um cerimonial festivo. Os Estados Unidos, possivelmente tirando vantagem da passividade existente, clamaram por um centro financeiro principal sob um sistema assimétrico consciente do problema N-1, tratado já há um certo tempo na gestão de Nixon com um déficit de atenção benéfico. Na primavera de 1971, o Conselho dos Governadores do Federal Reserve System, como já indicado, seguiu uma política monetária na direção oposta à do Bundesbank, e liberou uma enxurrada de dólares no mundo. Em março de 1986, por outro lado, o mundo elaborou um início de retorno a uma coordenação, que poderá ou não ser seguida, através da redução de taxas de desconto do Japão, Alemanha Ocidental e Estados Unidos em sincronia, na convicção de que a inflação estivesse sob controle e que era necessário se intervir para encorajar investimentos para sustentar a recuperação. Uma tentativa dos Estados Unidos de tomar a frente do processo de forma independente, comandada pelo vice-presidente do Conselho dos Governadores do Federal Reserve System, Preston Martin, terminou sendo contestada pelo presidente do Conselho, Paul Volker, que optou por uma redução coordenada pelos três bancos centrais, e resultou na demissão de Martin. A insistência de Volker na redução coordenada pareceu muito menos motivada pela devoção à coordenação que pelo medo de que sem as reduções paralelas no exterior pudesse ocorrer uma saída de capital dos Estados Unidos, com um resultante enfraquecimento do dólar. Se este fato será um episódio isolado, como Long Island em julho de 1927 e Chequers em janeiro de 1968, ou o início de uma coordenação sustentada é impossível de se determinar a esta altura. O relatório do secretário Baker ao presidente Reagan sobre a política cambial no final de 1986 poderá recomendar novos passos na direção da coordenação de política monetária — sejam graduais ou grandes e descontínuos — ou não.

Outra falha de coordenação é encontrada na política fiscal. O presidente Carter iniciou um programa de locomotivas (de tipo macroeconômico) para puxar o mundo para fora da depressão de 1974 causada pelo choque do petróleo, com os Estados Unidos, Europa e Japão, todos convocados a trabalhar com déficits orçamentários para expandirem seu produto. Os Estados Unidos aderiram ao esquema enquanto a Europa e o Japão recuaram, o balanço de pagamentos americano se tornou acentuadamente deficitário, e a inflação, auxiliada pelo segundo choque do petróleo de 1979, se agravou. O Conselho dos Governadores do Federal Reserve respondeu com uma política monetária duramente contracionista em agosto de 1979. A depressão promovida tirou o presidente Carter do cargo em 1980. O presidente Reagan assumiu, tendo sido seduzido pelo soar da sirene da economia da oferta (*supply-side economics*). Reduziu impostos, aumentou os gastos com defesa, e contrariando sua própria expectativa ampliou o déficit do governo para além de qualquer patamar anteriormente experimentado em tempos de paz nos EUA. A renda sangrava pelas importações, confirmando para o banco central sua avaliação de que uma política monetária restritiva era sábia. A inflação caiu, a expansão dos empreendimentos continuou, as taxas de juros altas atraíram capital do exterior, o que manteve o dólar alto e deu um outro empurrão de elasticidade no superávit de importação. O forte movimento de subida do dólar foi impulsionado por especulação, interrompido apenas no final de fevereiro de 1985 pelo arrocho contra as operações a descoberto na Europa e nos Estados Unidos, engendrado principalmente pelos bancos centrais europeus. Com o início da coordenação de política monetária, um comportamento semelhante pode ocorrer no campo fiscal, onde, certamente, sincronização de gastos e de cobrança de impostos são especialmente difíceis.

Em reunião da American Economic Association em Dallas, em dezembro de 1985, Alexandre Lamfalussy, então consultor econômico, atualmente diretor-administrativo do Bank for International Settlements, observou que o sistema monetário internacional estava experimentando quatro revoluções de uma vez: um regime de taxas de câmbio flexíveis não considerado como provisório, uma rede nova e mais barata de transportes e comunicações, atando os mercados financeiros mais fortemente, uma variedade de novos instrumentos financeiros de tipo inovativo, e a ampliação da desregulamentação financeira (1985). A Escola Austríaca vai mais longe, defendendo o abandono do sistema de bancos centrais e o retorno ao *"freebanking"* no qual a moeda deixa de ser um bem público, se tornando um bem privado emitido por qualquer um que esteja disposto a fazê-lo em mercados competitivos. Toma como modelo o sistema bancário escocês do século XVIII (White 1984, e artigos de Yeager, White, Timberlake e Hayek in Siegel, org., 1984; artigos de Timberlake et al., 1985), desconsiderando a falência do Banco Ayr, que, gerando o "frenesi especulativo" de 1772 (Checkland, 1975, pp. 127ff), disseminou crise financeira por Londres, Amsterdã e Berlim. Eles desconsideram o exemplo de operação bancária de cunho altamente especulativo (*"wild-cat banking"*) em Michigan, os resultados infelizes são sempre creditados à regulação (White, 1983, p. 278). Especulação sob completa desregulação é tida como estabilizadora e movimentos de capital de curto prazo como auxílio, na direção e volume corretos. A lei de Gresham, se for encontrada em algum lugar, funcionará de maneira inversa, ou seja, dinheiro bom expulsando o ruim, já que fornecedores insistem em receber apenas o melhor dinheiro, em vez de compradores insistindo em gastar apenas o pior.

Não vejo como avaliar esta previsão animadora dos resultados do descontrole e da desregulação com algum grau de certeza, mas, como dizem os franceses, *Je m'en doute*. Meu instinto e minha leitura de história — não há nenhum modelo matemático sobre o assunto no qual eu confie — sugerem que devemos olhar em outra direção: para as taxas de câmbio fixas todo o tempo, isto é, uma única política monetária para todo o mundo. Devo confessar que não vejo um caminho simples para tal resultado, nem qualquer indicação de um alcance próximo deste resultado, mas me parece o melhor, e o alvo para o qual devemos apontar. Defendo tentativas de estabilizar os empréstimos de longo prazo para países em desenvolvimento via instituições tais como o Banco Mundial e os bancos de desenvolvimento regional, além do mercado de capitais, embora este não esteja sujeito a controle e pressione para manter os negócios o mais livre possível. Nós devemos manter líderes de última instância tanto nacional quanto internacionalmente, embora cultivando ambigüidade suficiente sobre quem receberia auxílio e sob que circunstâncias, de forma a não encorajar financiamentos descuidados. O modelo para o mundo deveria ser o de um mercado financeiro integrado para um único país, com uma moeda, movimentos livres de capital de curto e longo prazos, a teoria quantitativa da moeda empregada na tendência, mas *"free discounting"* nos momentos de crise. Esse mundo será cheio de ambigüidade, paradoxos, incerteza e problemas. Tal parece ser para mim a condição humana. Parece não ter sentido, porém, pensar que é seguro adotar uma teoria dedutiva das finanças internacionais baseada em princípios fortes, trancar a porta e jogar a chave fora, atingir o nirvana financeiro substituindo lições financeiras darwinianas de um quarto de milênio por uma teoria interessante.

4

Desregulamentação financeira e mercados de capital mundialmente integrados

Como há pouco destacado, Alexandre Lamfalussy observou que o sistema monetário internacional está experimentando quatro revoluções de uma vez: 1) um regime de taxas de câmbio flexíveis não considerado como provisório; 2) uma rede nova e mais barata de transportes e comunicações atando os mercados financeiros; 3) uma variedade de novos instrumentos financeiros que o mundo precisa de experiência para aprender como lidar; e 4) a ampliação acelerada da desregulamentação financeira (1985). Ele observou a dificuldade com os procedimentos simultâneos nas várias frentes, que apesar de inter-relacionadas são diferentes. Lembrei-me de ter feito uma visita com meu cunhado ao celeiro de um vizinho, que construía uma escuna experimental de tamanho considerável. Pelo menos três grandes inovações foram incorporadas no design e na construção, uma no casco, outra no leme e uma terceira nas velas. Meu cunhado sabiamente observou que seria útil implementar apenas uma inovação radical por vez, pois assim, se o projeto falhasse, seria possível se identificar onde ocorreu o problema. Escolho, porém, concluir estas aulas apresentando as quatro revoluções de Lamfalussy — em uma ordem diferente —, enfatizando principalmente as questões correlatas de desregulação e integração dos mercados de capital.

Taxas de câmbio flexíveis

A revolução na adoção das taxas de câmbio flexíveis em 1973 está agora, se não finalizada, pelo menos decantada, e encontrando um possível movimento contra-revolucionário em dois aspectos, apenas um deles discutido em capítulos anteriores. A iniciativa do secretário do Tesouro americano James Baker em procurar uma maior estabilidade de taxas de câmbio foi referida e aplaudida. A coisa com que ainda não lidei foi com a Acordo Monetário Europeu, que representa uma abordagem para uma maior estabilidade da taxa de câmbio no continente. Seu sucesso até agora não tem sido espetacular, já que uma série de minidesvalorizações de vários de seus membros têm sido requeridas para manter o acordo. De qualquer forma faz progressos por continuar a existir e cultivar cooperação na formação de políticas macroeconômicas entre os participantes, criando a expectativa de continuar a existir no futuro. O AME pode provar ter uma importância fundamental menos em seu próprio campo que como um modelo para estabilidade cambial mundial e coordenação de problemas macroeconômicos.

Antes de deixarmos para trás a revolução cambial, pode ser útil anotar a previsão de Richard Cooper para o ano 2010 de um conjunto fixo crível das taxas de câmbio do mundo, com uma única autoridade monetária mundial e uma única política monetária mundial (1984, pp. 30ff). É verdade que Lamfalussy deveria ter sido atento ao sistema de câmbio flexível em 1984, logo antes do pico da sobrevalorização do dólar, e ao tamanho da preocupação com o repique. Mas o princípio de uma reação foi gradualmente se tornando visível, uma reação que cresceu como promessa em 1985. Eu seria levado para muito longe do meu tópico pela discussão dos passos que levam das taxas flexíveis a uma maior estabilidade — se zonas alvos, bandas móveis, intervenção coordenada ou outros instrumentos. Deixem-me terminar o assunto com boas notícias para aqueles de nós que acreditam em moeda internacional, que a maré parece estar mudando. Mas devo lembrar que já estive errado antes.

Novos instrumentos financeiros

A inovação na confecção de novos instrumentos financeiros vem ocorrendo há pelo menos um milênio, apesar de com maior intensidade desde a II Guerra Mundial. As últimas décadas assistiram o aparecimento das euromoedas e dos eurobonds, dos Direitos Especiais de Saque (SDR) e na Unidade Monetária Européia (ECU), de títulos de unidade de conta, *swaps* monetários, *swaps* de juros, acordos de recompra — um instrumento para vender um título com um contrato de comprá-lo de volta a um preço fixado para ganhar liquidez de curto prazo —, um leque confuso de opções e futuros que se espalharam das compras e vendas de ações para os contratos futuros de títulos do governo, taxas de juros, índices de bolsas de valores e similares, empréstimos "empacotados" nos quais hipotecas, carnês de compra de automóvel e débitos de cartão de crédito são agrupados e são vendidas participações neste total, Trustes de Investimento Imobiliário (REITs), fundos do mercado monetário, títulos podres — títulos com ganhos altos em virtude de alta relação débito/ativo nas companhias envolvidas, usados para financiar ou resistir às tomadas de uma empresa por outra — a expansão dos ADRs (American Depository Receits) para facilitar comércio exterior com títulos americanos etc. etc. Restrições na extensão geográfica dos bancos dos Estados Unidos foram afrouxadas pelo desenvolvimento dos *holdings* bancários. Com a desregulamentação, a ser discutida agora, os bancos entraram em outros campos, tais como aconselhamento de investimentos, consultoria de negócios e design e instalação de computadores, enquanto companhias financeiras e até firmas varejistas entraram de várias formas em atividades bancárias, incluindo transferência eletrônica, emissão de cartões de crédito e relações com imóveis. Entidades não bancárias atuavam como bancos executando apenas uma ou duas das principais operações bancárias — atraindo depósitos e fazendo empréstimos — foi uma outra saída para escapar da regulamentação. Novas especialidades foram desenvolvidas e antigas instituições especializadas foram passando a ter focos menos estreitos. O Glass-Steagall Act de 1933, separando bancos comerciais de bancos de investimento, está sempre sendo violado e é largamente entendido como uma espécie em extinção, apesar de seu análogo italiano de 1936 parecer continuar firme e forte.

Existe um perigo nisto, explorado mais a fundo em conexão com a desregulamentação, que nos estágios iniciais de uma inovação, antes dos mercados terem ganho experiência, uma parcela dos participantes irá abusá-la, levando a inovação para além de sua capacidade para testar os limites e levando a excessos de negociações, para usar a retórica de Adam Smith, transacionar demais, algumas vezes seguido por "repulsão" e "exagero". Inovações podem ser "transferências" que alteram as oportunidades de lucro, que no momento irão levar a investimento excessivo e instabilidade. Uma leitura casual das páginas financeiras nos Estados Unidos nos anos recentes mostra as dificuldades da Dysdale Corporation ou da Lombard-Wall, a EMS Company da Flórida, e outras, e, em 1986, a instabilidade criada por dias fixos para pagamentos das opções ações-moeda estrangeira. Mas esta questão é mais relevante para o campo dos economistas financeiros que para o meu; por isso passo a examinar a desregulamentação e a integração financeira, onde excitações ocasionais semelhantes não estão de todo ausentes.

Desregulamentação

Os ventos da desregulamentação já vêm soprando por alguns anos, tanto em indústrias, como as aéreas e de tratores nos Estados Unidos, como no campo das finanças, e em outra instância tanto nacionalmente como por todo o mundo. Em 1973, dois livros surgiram baseados na experiência da Coréia do Sul. Um, de Ronald McKinnon, demandando o fim do que chamou de "repressão financeira", segmentando os mercados monetário e de capital para dar vantagens a compradores preferenciais, especialmente os governos, comerciantes que atuam no mercado internacional e grandes corporações, tanto nacionais quanto multinacionais, deixando os negócios comuns obterem fundos externos apenas aleatoriamente e a taxas exorbitantes (1973). McKinnon defendia o aumento do nível das taxas de juros nos setores favorecidos para o nível da taxa de retorno real sobre o capital médio vigente. Era possível ver a questão de outro prisma e pensar em diminuir as taxas de juros para os grupos excluídos permitindo-se que investissem no segmento favorecido como um único grupo integrado de poupança. A posição pode ser facilmente ilustrada com o diagrama seguinte, apresentando o equilíbrio parcial na teoria de comércio internacional antes dos mercados serem unificados. Com o mercado favorecido à esquerda, e montantes de poupança fluindo da direita para a esquerda, tanto quanto da esquerda para a direita nos setores discriminados, as duas taxas são muito diferentes se a repressão mantiver os negócios comuns fora do setor favorecido. Por outro lado, se ambos estiverem unidos pela transferência de uma parte do excesso de poupança do setor favorecido para o setor discriminado a uma taxa de juros nivelada, a taxa de juros corrente pode ser equalizada, aumentando no setor favorecido e abaixando no outro, como mostrado na figura 1.

Figura 1. Repressão financeira quando demandas e ofertas de poupança estão segmentadas

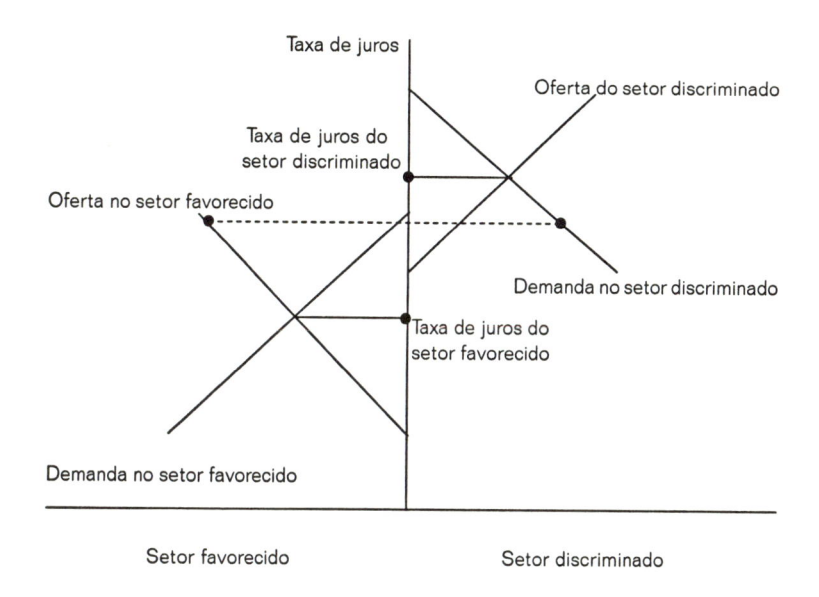

- Taxa de juros
- Oferta do setor discriminado
- Taxa de juros do setor discriminado
- Oferta no setor favorecido
- Demanda no setor discriminado
- Taxa de juros do setor favorecido
- Demanda no setor favorecido
- Setor favorecido
- Setor discriminado

A abordagem de Edward Shaw para o desenvolvimento financeiro inadequado em países menos desenvolvidos, baseada em sua experiência, se estabelece em termos de superficialidade e profundidade financeira (1973). Superficialidade significa falta de intermediação financeira, e que os negócios tenham que procurar financiamento externo, se existir, não no núcleo central de mercados ocupados por instituições especializadas que atendem a todos os tipos de necessidades, ambas de poupadores quanto de compradores, mas através da busca direta de emprestadores que possam estar interessados em emprestar-lhes. O trabalho de Raymond Goldsmith, *Financial Structure and Development*, demonstrou que a taxa de passivos financeiros sobre a renda nacional em um país aumenta conforme a economia cresce, começando em países subdesenvolvidos com taxas no nível de 0.25 e progredindo consistentemente em economias mais industrializadas para a vizinhança de 1.5 a 1.76 (1969). O aprofundamento financeiro vem do número e tamanho crescente dos intermediários financeiros que auxiliam os poupadores a encontrar tipos de resultados que desejam em termos de liquidez e risco, e compradores a adquirir títulos com os quais estejam confortáveis.

A mensagem de McKinnon-Shaw encontrou uma recepção entusiástica em parcelas da América Latina que estavam adotando uma filosofia *free-market*, mas levou a uma onda de formação de bancos e empréstimos que terminaram em *crashes* em pelo menos três países — Argentina, Uruguai e Chile (Corbo e De Melo, 1985). Um artigo publicado postumamente por Carlos F. Diaz Alejandro foi intitulado "Adeus Repressão Financeira, Alô Crash Financeiro" (1985). McKinnon, uma vez com Donald Mathieson e outra vez sozinho, revisou a experiência com o final da repressão e concluiu que esta tinha que ser feita em uma determinada ordem, especialmente desregulando mercados de capital doméstico antes de remover os controles cambiais para prevenir fuga de capital (1981, 1982). Alguns observadores expressaram a visão de que a desregulamentação do sistema bancário nos Estados Unidos anda muito rápido, e é provável que leve a excessos problemáticos. A conclusão nos casos latino-americanos pode ser que a ordem da desregulamentação importa menos que a velocidade, e que tempo é necessário para ajustar a passos sucessivos com o objetivo de ganhar experiência em administrar o sistema de forma estável.

O aumento na facilidade e na velocidade do transporte e comunicação e a redução no custo já deram origem a um grau considerável de desregulamentação quase inevitável. Nos Estados Unidos, está acordado que os bancos nacionais devem ter permissão para assumir atividades bancárias interestaduais em algum estágio, quando bancos estrangeiros forem autorizados a se estabelecer em estados separados e, recentemente, começaram a proceder a isto em escala crescente. Ou como os Estados Unidos e a Itália poderão manter a separação entre o banco comercial e o banco de investimento com seus clientes, podendo mover dadas operações para Londes ou Antilhas holandesas onde não existe tal regulamentação. O governo dos Estados Unidos removeu os 30 por cento da retenção sobre os juros pagos sobre títulos americanos de propriedade estrangeira — um passo altamente desaprovado por encorajar influxo de capital para os EUA e evasão de renda fiscal — com base em que a comunicação interna tornou fácil a evasão desta retenção via paraísos fiscais e era muito difícil executar o esforço para atingir o seu cumprimento.

Não são todas as repressões financeiras e segmentações que são impostas pelo governo. Ao contrário, boa parte delas vêm da especialização institucional que cresceu no setor privado sem planejamento e decisões significativos. A desregulamentação no mercado de capitais de Londres, por exemplo, envolve o fim da especialização que cresceu durante séculos entre empréstimos para empresas de sociedades limitadas, bancos mercantis, casas de aceite, agentes cambiais, agentes de ações, operadores de ações. Bancos domésticos e especialmente estrangeiros e casas de investimento estão adquirindo firmas engajadas em outras especialidades de forma a estarem prontas para prover uma maior rede de serviços financeiros quando a desregulamentação ocorrer em 1º de outubro de 1986. Nos Estados Unidos, a desregulamentação permitiu o desenvolvimento das agências de desconto, que ofereceram aos seus clientes comissões baixas sobre as transações de títulos mas nenhuma pesquisa ou aconselhamento era previsto no processo.

Enquanto uma escola de pensamento proeminente está nervosa sobre a extensão e a velocidade da desregulamentação, existe a chamada visão austríaca que diz que ela deveria percorrer todo o caminho até a remoção completa do governo do controle das atividades bancárias e financeiras, incluindo o abandono da existência de banco central. Milton Friedman acredita que o Federal Reserve System nos Estados Unidos deveria ser liquidado e substituído por um *Board* de controle monetário com ordens para expandir a oferta de *high-powered money* a uma taxa fixa e inalterável. A escola austríaca vai mais longe, e, como exemplificado por F. A. Hayek na Inglaterra e Roland Vaubel da Universidade de Mannheim, na Alemanha Oriental, aboliria toda a autoridade monetária centralizada, permitindo que a moeda fosse emitida competitivamente por qualquer um que desejasse fazê-lo. Em vez de terem medo da Lei de Gresham que afirma que o mau dinheiro expulsa o bom, eles confiam na crença de que na concorrência para a emissão de moeda, o bom vai expulsar o mau (1972, Vaubel, 1877). Em nenhuma circunstância eles fixariam os preços das várias moedas emitidas na nação, portanto elas se trocariam em equivalência, mas previam que as taxas de câmbio entre as diversas moedas domésticas emitidas por diferentes instituições variariam. Isto daria aos emissores um forte incentivo, no seu entendimento, a manter o valor de seus títulos.

Três pontos podem ser levantados e estabelecidos antes que alguém consiga aceitar prontamente tal remédio. Em primeiro lugar, mesmo que existam alguns casos nos registros históricos nos quais bom dinheiro seja expulso pelo mau, eles são raros quando contrastados com o resultado oposto. Nos mercados muito favoráveis aos vendedores, pode ocorrer que um vendedor de uma *commodity* em um mercado possa insistir em receber apenas em boa moeda, fazendo a lei funcionar no sentido oposto ao usual. Mas a concorrência entre vendedores é bastante usual, e as opções para os consumidores suficientemente amplas como regra, sendo assim será normalmente o comprador, em vez de o vendedor, quem poderá decidir que moeda irá gastar. Nesta circunstância, dadas duas moedas disponíveis, uma boa e uma ruim, o comprador irá escolher gastar a ruim e manter a boa.

Em segundo lugar, se moedas de diferentes emissores em uma única jurisdição flutuam em valor, uma contra a outra, elas deixam de ser moeda por definição, já que moeda é o ativo líquido fixo em preço em termos dele mesmo. Dentro dos países teriam que existir mercados para as várias moedas, como o mercado de moeda estrangeira para moedas de países diferentes, e virtualmente cada compra e venda final de bens demandaria uma transação subseqüente ou precedente no mercado de moedas.

Em terceiro lugar, a ausência de toda regulamentação de emissão monetária traria um sério ônus para as famílias e os pequenos negócios comuns e não sofisticados. Os depósitos federais de segurança nos Estados Unidos, com limites originalmente constituídos em 2.500, mas gradualmente aumentados com a inflação e com a crescente liquidez para 100.000, foram instituídos em 1934 para prevenir corridas aos bancos, e especialmente para proteger a família comum que não poderia ser pressuposta como compreendendo, a partir da análise de folhas de balanços, quais bancos são fortes e quais são fracos. Tabelas de conversão de peso e balanças em açougues são entendidas como um bem público, para poupar o custo de transação envolvido em cada cliente checar a tabela antes de fazer a compra. Na Idade Média, e talvez ainda hoje pelo que sei, o Estado regulava o comprimento das réguas nas lojas de tecidos. Enquanto escrevo, a imprensa americana está chamando a atenção para a necessidade de uma maior segurança e checagem nas escalas da gasolina com e sem chumbo, para proteger o motorista ignorante de negociantes inescrupulosos em algumas cidades. Uma razão para preço fixo em lojas varejistas em vez de barganha — iniciado em 1840 — foi o aumento das lojas de departamento em tamanho além do ponto em que os donos poderiam monitorar seus balconistas para se assegurar que o último não favoreceria os parentes ou amigos com barganha excessiva. Outro argumento, levantado pelos quacres, foi que os preços fixos e marcados iriam possibilitar as famílias de enviar crianças para uma loja sem expô-las à exploração de sua inocência. A proteção dos fracos pareceria ser uma função inseparável do governo, mesmo que seja difícil traçar a linha divisória apropriada.

Adicionalmente, moeda como um padrão de valor tem um aspecto de bem público que seria perdido se cada transação demandasse a avaliação não só dos bens a serem comprados e vendidos, mas também da moeda utilizada. É verdade que Vaubel nega que a moeda seja um bem público, pensando principalmente, suponho, na função de reserva de valor. Ele vai tão longe, de qualquer forma, a ponto de resistir relativamente à função de unidade de conta na qual a moeda participa como padrão de medida, logo como um bem público que diminui os custos de transação para todos os participantes no mercado (1984).

Um argumento empírico em favor da completa desregulamentação é baseado na experiência dos bancos escoceses entre 1775 e 1845 (White, 1984). O *"free banking"* escocês também foi exaltado por Michel Chavalier, o economista francês do meio do século XIX, em um argumento em favor de mais bancos a apoiar a expansão econômica (1867). A análise de White começa depois da falência do Ayr Bank em 1772 e termina sem incluir a quebra do City of Glasgow Bank em 1878, embora este último evento possa talvez ser culpado do fato do *"free banking"* ter terminado uma geração mais cedo com a incorporação dos bancos escoceses no sistema inglês. Mais importante, de qualquer forma, fracassa em enfatizar que o sistema bancário escocês foi na realidade regulado por um sistema informal de câmbio de notas operado pelo Banco da Escócia, pelo Royal Bank of Scotland e pela British Linen Company (Checkleand, 1975). Estas instituições coletariam e manteriam as notas uns dos outros e de outros bancos depositadas por seus clientes, e permaneceriam prontos para apresentar um volume acumulado para conversão em espécie sempre que se pensasse que o banco em questão estivesse se expandindo rápido demais, se arriscando excessivamente. Esta prática na realidade se constituía em uma função de Banco Central, exercida privadamente. Era controle. Outros exemplos de bancos privados ou semipúblicos agindo para fornecer, mesmo que de forma inadequada, o bem público da estabilidade financeira são o Second Bank of the United States, anterior ao veto de Jackson à renovação de sua cessão, e os bancos centrais-monetários sob o National Bank de 1863 antes do Ato de criação do Federal Reserve (Sprague, 1910). White tende a desprezar a era de atividades bancárias de alto risco nos Estados Unidos em 1840 depois do veto de Jackson, atribuindo os eventos infelizes deste período, especialmente em Michigan, à interferência do governo, em vez de à ausência de regulamentação governamental ou seu equivalente privado (1983, p. 287). Há a necessidade de uma crença prévia na estabilidade de atividades bancárias desregulamentadas para aceitar esta visão. A história parece oferecer uma série de demonstrações persuasivas que sem nenhuma regulamentação pelo governo ou um substituto, ou com uma regulamentação que deixe abertas certas rotas que posteriormente se mostrem atraentes, a propensão à ocorrência de "excesso de transações" é endêmica, especialmente após uma mudança no aparato institucional.

Internacionalmente, a pressão para desregulamentar fica cada vez mais forte, porque a imparcialidade exige que bancos e firmas devam ser tão livres para entrar em atividades lucrativas no seu país quanto em outro. Como meninos desejando romper com o cordão de segurança, o primeiro que obtiver a permissão de sua mãe para, digamos, acampar à noite, leva a uma pressão competitiva para que todos a obtenham. A desregulamentação pode induzir ao descarte de salvaguardas que eram consideradas importantes para assegurar a proteção do investidor comum: leis de *blue-sky*, restrições sobre a ordem de venda de ações via correio sem um documento explicando suas características fundamentais, proibições contra transações de *insiders* e similares. A Bolsa de Valores de Nova York monitora o comportamento dos preços das ações que conta com programas de computador criados para detectar padrões de atividade e preços que sinalizem possíveis transações de *insiders*. Porém é incapaz de se resguardar contra a pessoa com informação privilegiada que dá a ordem de compra ou venda de um título via ligação telefônica pública da Suíça. Contaram-me que isto é tão freqüente que os operadores em Nova York e Londres passaram a ficar atentos a grandes ordens de compra ou venda de ações vindas de Zurique ou Genebra, e possivelmente resultantes de uma ação de uma instituição suíça colocando no jogo uma ordem de um *insider*. A ordem suíça deve ser retardada para que se dê tempo de ser observado se existem notícias de grandes novidades que afetarão os preços do mercado, para cima ou para baixo, que deixariam a própria casa de operações financeiras que executou a ordem fora de sua própria posição, segurando o mico.

Se fosse acordado que alguma proteção é necessária agora ou será necessária eventualmente para o investidor menos sofisticado e possuidor de dinheiro — um grau de exposição do emissor dos títulos é requerido, tal como estar ligado aos registros da Securities and Exchange Commission (SEC) nos Estados Unidos, ou depósitos de segurança, e alguma supervisão sobre negociações financeiras ilícitas feitas por *insiders*, traficantes, pela Máfia, ditadores fraudulentos, evasores de impostos, seja em contas de bancos estrangeiros ou em transações correntes — deveria haver alguma harmonização das várias leis nacionais, tornando sem importância diferenças nas abordagens legais como incentivos para movimentos de capital. Tal harmonização é difícil de se atingir em um mundo de Estados soberanos. Isto envolve se reunir com Luxemburgo, Liechtenstein, Bahamas e similares e pedir para enfraquecerem suas vantagens como paraísos fiscais emanantes do direito soberano de determinar os níveis de impostos e proteger atividades econômicas sob sua jurisdição com leis garantindo sigilo. Pequenos buracos legais são úteis quando pessoas inocentes estão sendo oprimidas por governos estrangeiros: o sigilo existente nas contas bancárias suíças serviu a um nobre propósito nos anos 30 quando protegeu os ativos dos judeus perseguidos na Alemanha nazista. Mas as mesmas leis que são necessárias em alguns casos difíceis são prejudiciais quando dão vantagens em massa que enfraquecem a soberania dos países de onde vem o dinheiro, especialmente quando elas protegem os ganhos de criminosos, escroques e picaretas. A Suíça enfrenta um dilema estranho que tentou resolver pedindo aos bancos que abrissem seus livros quando a atividade criminosa estivesse provada, mas não quando seja apenas ainda uma suspeita. A fronteira determinada é estreita e tortuosa.

Harmonização, seja ela em desregulamentação completa ou ótima, seja qual for a forma que a última possa ser definida, significa claramente uma perda de soberania nacional para os países que se harmonizarem. A não ser no caso de completa desregulamentação, que, por outro lado, necessita de algumas formas de acordo sobre o caminho a ser seguido. Na regulamentação das atividades financeiras, e mais amplamente na harmonização de políticas macroeconômicas, inevitavelmente surge a questão de se as decisões são para serem tomadas hierarquicamente, e, se são, qual o tamanho do grupo que manda, um país, cinco, sete, vinte, trinta? — e se mais que um, por consenso ou maioria de votos, pesos iguais ou votação balanceada pelo critério de maior desenvolvimento financeiro? Vários exemplos em várias organizações estão disponíveis: a assembléia das Nações Unidas, o FMI, o Banco Mundial, o grupo dos bancos centrais convidados ao encontro mensal do Bank for International Settlements, o G-5, e assim por diante. No passado, uma vez, sugeri o convite a representantes do Acordo Monetário Europeu e do Japão para trabalharem no Federal Open Market Committee do Federal Reserve System. Isto foi quando a política monetária dos EUA dominou o mercado de eurodólar e, tanto diretamente como indiretamente, as políticas monetárias de todo o mundo. Em outra ocasião, quando a dominação dos EUA havia se moderado, expus a idéia de conduzir a política monetária mundial via operações de *open market* nos vários países conduzidas pelo BIS. Ambas as noções são utópicas, visionárias, e talvez pretendessem chocar. Mais prático para um político é a iniciativa do Secretário do Tesouro James Baker em estabilizar as taxas de câmbio mundiais e diminuir as taxas de juros, começando pelo Grupo dos Cinco, composto pela Inglaterra, França, Alemanha Ocidental, Japão e os Estados Unidos. É ilustrativo da dificuldade de tomada de decisões na área que tanto o Canadá como a Itália se sentiram ofendidos por terem sido excluídos, e foram incluídos após o encontro de cúpula de Tóquio. O fato de que a iniciativa em cada instância foi de um representante americano carrega a idéia de um resíduo de hegemonia dos Estados Unidos.

Libertários têm uma solução simples para a questão da harmonização para superar as distorções arbitrárias e não econômicas trazidas à tona pelas diferenças na regulação nacional: eliminar todas as regulamentações. Isto parece para mim tão utópico, ou mais ainda, que imaginar instituições internacionais ou regras para a provisão do mais módico dos bens públicos internacionais necessário no sistema de mercado: mercados abertos, uma fonte de bens com a correta oferta restrita em crises, moeda internacional, políticas coordenadas e um emprestador de última instância. Se compradores e vendedores de bens e ativos financeiros comercializarem por todo o mundo, teremos que a proteção do ignorante da exploração pelos desonestos também será um bem público internacional, em vez de meramente nacional como nos Estados Unidos. O governo é muitas vezes, se não sempre, um complicador e, às vezes, age equivocadamente. Mas isto é necessário para proteger os fracos, para reprimir ações desonestas e evitar que uma situação ocasional ruim fique pior. Suponho que os libertários concordam sobre a necessidade de passos nacionais e internacionais para reprimir o terrorismo, incluindo o isolamento de asilos terroristas. Mesmo sendo muito hiperbólico fazer uma comparação entre má conduta financeira e terrorismo, acordos intergovernamentais para punir ambos me parecem desejáveis. Em um plano menos nobre e menos moral, se ações diversas dos governos em países diferentes não permitirem incentivos arbitrários à alocação de bens e poupanças, a resposta é a harmonização das regulamentações mínimas e coordenação de políticas que irão permitir a integração de mercados na linha Pareto-ótima.

Integração

A definição de integração que adoto segue a lei do preço único. Em um mercado existe um preço, e se existe um preço, existe *prima facie* evidência de um mercado. Isto não é universalmente aceito. Fritz Machlup, por exemplo, definiu integração como a divisão do trabalho alcançada sob livre comércio (1977). Isto é curioso no nível semântico, já que a integração enfatiza unicidade e a divisão destaca multiplicidade (dois ou mais).

Larry Neal encampou a pesquisa em integração no setor de títulos em mercados antigos, testando o preço de um único título em dois mercados para determinar se os mercados são suficientemente unidos pela arbitragem para qualificá-los como integrados (1985a, 1985b). O problema é análogo a um que ocupou Adam Smith em *A riqueza das nações* com relação ao câmbio da libra londrina em relação ao florim em Amsterdã, que era diferente em moeda bancária e em moeda comum (1776 (1937), pp. 445-6). Na integração do mercado para uma única moeda, moeda *spot* e futura, ou para um mesmo título em dois lugares, não pode representar integração do mercado de capital de forma genérica. Para isso é necessário integração de mercados para um número suficiente de ativos tal que a ampla gama de taxas de juros, e talvez as taxas de lucro representadas por medidas como as taxas de preços/ganhos, convirjam. Como os retornos sobre títulos diferentes e ativos reais podem ser afetados pelo risco que contêm, o critério para a integração dos mercados de capital é geralmente tomado como o retorno sem risco relativo dos títulos do governo de mesma maturidade. Para testar apenas este mercado, de qualquer forma, é incompleta.

MOVIMENTOS INTERNACIONAIS DE CAPITAL

A integração nacional no mercado de capitais foi atingida lentamente de forma evolucionária de vários séculos até o presente, em padrões diferentes dependendo da natureza do ativo. No século XIX na França, Dijon reclamou de que a falta de bancos o fez pagar taxas de juros de 9 ou 10 por cento, enquanto de Paris para cima as taxas eram de 4 por cento, e de Lyons para baixo, nadando nas fortunas feitas em seda, usufruía-se de taxas abaixo de 3 por cento (Gille, 1970, pp. 57, 77). Sayers conta a história do Lloyds Bank of Birmingham oferecendo uma taxa fixa para os depositantes em sua cidade natal, mas variando a taxa de depósito para clientes de Londres com a taxa de desconto do Banco da Inglaterra, apenas posteriormente abandonando a prática e cobrando apenas uma taxa em todo o sistema, quando observou que os clientes trocavam os depósitos das agências de Londres para Birmingham, ou vice-versa, dependendo das taxas oferecidas (Sayers, 1957, pp. 110, 165, 270).

Monopólios locais gradualmente foram quebrados quando os bancos comerciais na maior parte dos países desenvolveram redes nacionais, apesar de não nos Estados Unidos, onde isto era proibido. Bancos nascidos em áreas ricas em poupanças estabeleceram filiais onde a demanda por empréstimos era vigorosa; aqueles com excesso de demanda por empréstimos procuraram abrir novas agências em áreas com poupança abundante. Economias de escala trouxeram ambos os conjuntos para centros financeiros nacionais. Estas economias consistiam em um maior acesso à informação e o efeito da aglomeração de compras centralizadas para os compradores e vendas centralizadas para os vendedores. Centros financeiros cresceram à custa de moeda e mercados de capitais regional e local, mas não os destruíram completamente. Em navegação, a maior parte da informação necessária está disponível a partir de gráficos centralizadamente emitidos pelo Geodetic Survey ou pelo Admiralty, mas existem alguns perigos contra os quais é necessário conhecimento local. Para grandes navios envolvendo alto risco, pilotos locais. Pelo mesmo motivo, continua a existir uma necessidade de bancos locais ou filiais bancárias em províncias e localidades menores na medida em que os computadores de Londres, Paris ou Nova York não são capazes de armazenar todos os créditos e as informações de negócios, com suas nuances sutis necessárias para realizar empréstimos em nível local. Conhecimento detalhado e intercâmbio face a face não podem ser totalmente dispensados.

A agregação que produz grandes centros financeiros faz diferença entre as transações em *commodities* e aquelas financeiras ilustradas na figura 1. Em vez do excesso de demanda por poupança ser transferido para o centro financeiro, ou excesso de oferta, como ocorre nos estágios iniciais do desenvolvimento financeiro, em níveis avançados, emprestadores e tomadores do centro menor transferem suas atividades para o centro metropolitano, como mostrado, por exemplo, na figura 2. As curvas de demanda são somadas, bem como as curvas de oferta, mas além da simples adição há um deslocamento para baixo na curva de oferta de poupança, como mostrado na linha pontilhada. Em virtude de estarem adquirindo um ativo em um mercado maior, isto é, um ativo mais líquido, poupadores estão preparados para aceitar uma taxa de retorno mais baixa. A atividade financeira pode ser transferida de um mercado menor para um mais central porque o movimento de moeda é praticamente sem custo. Mas os entrepostos continuaram a florescer nas finanças.

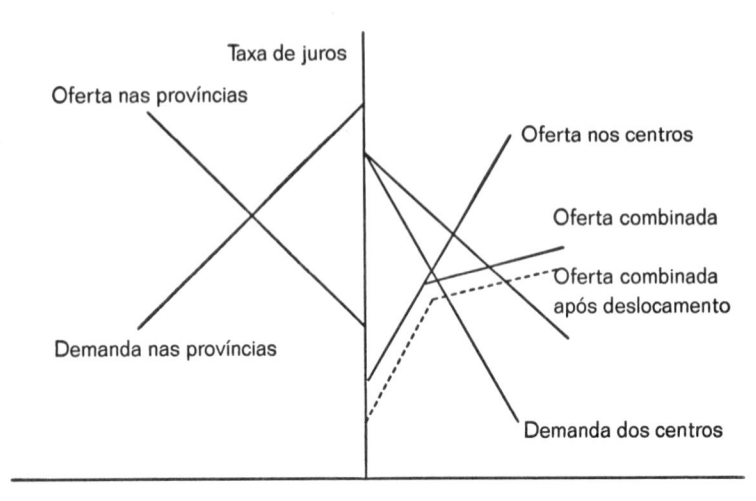

Figura 2. Demanda e oferta transferidas

[Figura: eixo vertical "Taxa de juros"; à esquerda curvas "Oferta nas províncias" e "Demanda nas províncias" com eixo "Poupanças das províncias"; à direita curvas "Oferta nos centros", "Oferta combinada", "Oferta combinada após deslocamento" (tracejada), "Demanda dos centros" com eixo "Poupança dos centros financeiros"]

Com o desenvolvimento do mercado de euromoedas, os primeiros bancos a se moverem para, digamos, Londres foram aqueles dos centros monetários dos EUA, os quais tomaram um papel ativo na ampliação dos mercados em ambos os lados, comprando e vendendo. Eles foram seguidos por uma série de outros bancos regionais, os quais estabeleceram representação, não para emprestar em escala significativa, mas para estarem em posição de tomar empréstimos quando a política monetária estivesse restritiva nos Estados Unidos. O Franklin National Bank, por exemplo, financiou sua especulação cambial com eurodólares. Em 1969, os bancos regionais americanos quebrados tomaram dólares em Londres como uma alternativa para lidar com o estreito mercado de fundos federais, ou se arriscaram ao mau humor do Federal Reserve System, passando muito freqüentemente pela janela do redesconto.

Para mercado de capitais como oposto a mercado monetário, houve uma distinção entre o mercado primário e o secundário que parece estar em vias de extinção. A emissão dificilmente surge com empréstimos sindicados nos bancos. Estes são emitidos em escala mundial via sindicatos autorizados por um banco líder ou um grupo de bancos líderes, o qual divide os empréstimos entre outras instituições com as quais eles possuem relações próximas. Já que há poucas negociações nestes empréstimos após a emissão, a questão do mercado secundário dificilmente surge, embora tenha sido sugerido que uma forma de auxiliar no problema das dívidas do Terceiro Mundo fosse desenvolver um mercado secundário. O problema mais grave agora, de qualquer forma, é para os bancos líderes convencerem seus afiliados a renovar os empréstimos quando vencerem e não puderem ser pagos, bem como emprestar mais, quando alguns dos bancos menores e regionais estão se arrependendo do seu envolvimento inicial.

Para bônus e grandes emissões de títulos, particularmente emissões tão grandes como quando as companhias nacionalizadas (British Petroleum e British Telecommunications) estavam sendo vendidas pelo governo Thatcher, existem sindicatos emissores semelhantes, em nível mundial, que subscrevem a emissão. As negociações subseqüentes ocorreram tipicamente em um mercado secundário com uma localização fixa, ao qual compradores e vendedores apelam para adquirir ou se livrar de alguns títulos. Antes do desenvolvimento da comunicação via satélite e computadores, os custos de busca do melhor preço para lotes relativamente pequenos demandavam localização central. As novas técnicas estão tornando possível reunir informação sobre preço de e para disseminar em todos os mercados, portanto os mercados secundários estão sendo libertados, como os primários — para títulos largamente transacionados pelo menos — de localizações. O mercado de moedas mais importantes corre o mundo, vinte e quatro horas por dia, com o intervalo dos fins de semana, de Tóquio a Cingapura e Hong Kong, para Bahrein, Frankfurt, Londres e depois Nova York e Los Angeles, antes de iniciar o dia seguinte em Tóquio. O mesmo padrão está em formação para os títulos líderes nos países líderes — para dar conta do processo de integração dos mercados de capital sombriamente previsto por Alfred Marshall há quase um século.

Uma curiosidade é a onda de interesse na integração do mercado de capitais que se constituiu na Europa nos anos 60 e trouxe poucos, se algum, frutos. O Departamento Monetário e Econômico do Bank of International Settlements produziu um estudo sobre os *Mercados de capitais* (janeiro, 1964). Um Grupo de Pesquisa Econômica de um consórcio de bancos europeus — o Amsterdã-Rotterdã Bank, o Deutsche Bank, Midland Bank, Société Générale de Banque: General Maatschappij —, instituições líderes na Holanda, Alemanha Ocidental, Inglaterra e Bélgica, respectivamente, encamparam um estudo sobre os mercados de capitais na Europa, limitado, porém, aos quatro países envolvidos (março, 1966). Em novembro do mesmo ano, a Comissão da EEC publicou um relatório de um grupo de especialistas, intitulado *Desenvolvimento do mercado de capital europeu*, conhecido como relatório Segré em homenagem ao chefe do grupo, Cláudio Segré (1966). Em 1967 e 1968, o Comitê de Transações Invisíveis da OCDE produziu um *Estudo dos mercados de capital* de cinco volumes, com apêndices estatísticos. Os focos de todos estes estudos não eram em nenhuma medida idênticos, especialmente no que diz respeito aos países tratados e a ênfase na reunião de dados, mas todos estavam interessados nos desvios dos mercados competitivos e integrados, tais como: preferências em mercados nacionais por tomadores do governo, o número limitado de títulos estrangeiros de companhias de origem européia transacionados em mercados de ações fora de seus próprios países, e a estreiteza dos mercados para títulos puramente nacionais. Os relatórios acrescentaram pouco sobre a forma de alcançar a integração dos mercados de capital em nível europeu. Em minha opinião, o fracasso, se é que deve ser chamado assim, foi porque a integração européia estava se processando em um ambiente mais amplo.

Os mercados de euromoeda e eurobônus estão consideravelmente mal batizados, não apenas porque avançam sobre o mundo, mas porque são desde o começo mercados que levaram os tomadores e poupadores europeus para fora da Europa. Em certa medida como a integração significa convergência de taxas de juros, a integração européia foi atingida em algum grau, mas o mecanismo é diferente daquele derivado da analogia comum com uniões aduaneiras para bens. É um paradoxo que a integração na forma de equalização dos preços possa ser atingida entre duas partes sem contato direto de uma com a outra, se cada uma está em estreito contato com uma mesma terceira parte. A afirmação matemática banal desta posição é que coisas que são iguais para uma mesma coisa são iguais entre si. É legítimo, de qualquer forma, questionar se dois mercados estão integrados se eles não estão comprando e vendendo diretamente um do outro, e isto é verdadeiro para ativos financeiros e trabalho, da mesma forma que para bens. Boa parte do progresso feito na integração européia desde a II Guerra Mundial foi alcançada via terceiros ou fatores externos. O trabalho mediterrâneo que esteve pronto para se mudar da França para a Alemanha, ou no caminho inverso, ajudou a equacionar as taxas de juros nestes países, quando poucos franceses ou alemães, se algum, estavam preparados para trabalhar em outro país. Se espírito empreendedor é admitido como um fator de produção, a corporação internacional dos Estados Unidos, escolhendo um local para um novo investimento em algum lugar no Mercado Comum, ou em menor medida, estando pronto para transferir a produção existente de um país para o outro, tendeu a equalizar as taxas de lucros na Europa. Através do mesmo movimento, o retorno sobre o capital em vários países europeus teve ajuda para convergir proveniente dos investidores, comprando bônus em euromoedas, e corporações, corpos semi-públicos e governos vendendo-os no euromercado. É talvez possível chamar isto de integração quando, digamos, os mercados de capitais da Alemanha e da França são cada um considerados como uma parte de uma entidade maior, incluindo os mercados de eurobônus e euromoedas. Se, de qualquer forma, existe um tráfego financeiro limitado entre os mercados de capital e moeda da Alemanha e da França, é de alguma forma esquisito chamá-los de integrados.

Equalização dos preços de fatores produzida pelo contato direto é prontamente chamada de integração, como na figura 3a. O *design* europeu sugerido na figura 3b, em um nível mais amplo, é talvez um padrão mais normal, envolvendo relações hierárquicas entre o centro e áreas satélites, bem na linha que prevalece dentro dos países individualmente. É verdade que Austrália e Canadá, e em menor grau o Japão e os Estados Unidos, não são dominados por um único centro financeiro no mesmo grau em que Londres domina a Inglaterra e Paris a França. Parece provável que a integração financeira européia esteja encartada na do mundo, e de forma hierárquica, como da maneira apresentada na figura 3b, mas sem que o ápice tenha uma localização específica.

Figura 3. Integração via intercâmbio direto e via um terceiro país

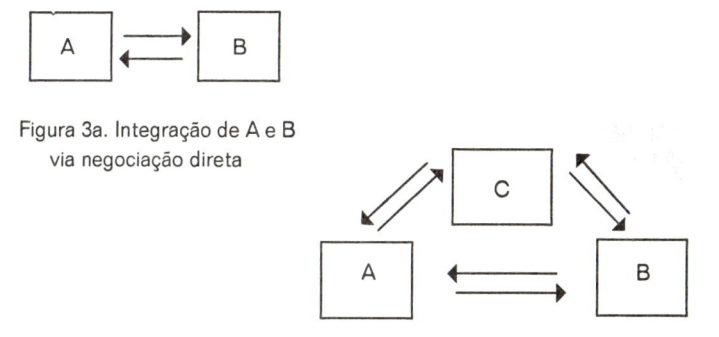

Figura 3a. Integração de A e B via negociação direta

Figura 3b. Integração de A e B via C

Os mercados de euromoedas

O dólar teve um papel importante na integração dos mercados de capital europeus, ou pelo menos no auxílio à convergência das taxas de juros. De tempos em tempos é pensado que a Europa deve desenvolver uma moeda própria — uma unidade de conta que foi usada na contabilidade inicial da Comunidade Econômica Européia, ou mais tarde a European Currency Unit (ECU). Alguns *experts* são a favor do uso do Direito Especial de Saque no qual a contabilidade do Fundo Monetário Internacional foi feita após a flutuação do dólar de 1973, especialmente depois que este teve sua composição simplificada para apenas uma média harmônica de cinco moedas líderes, em vez do número muito maior inicialmente estabelecido. Vários bancos em certas ocasiões tomaram a iniciativa de aceitar depósitos em unidades de conta, os ECUs, ou SDRs, mas as tentativas foram irregulares, limitadas e, creio, finalmente abandonadas. Como o dólar se enfraqueceu como moeda central, o mercado de eurobônus emitiu de forma crescente marcos alemães, e, recentemente, instrumentos denominados em iene, mas unidades artificiais feitas de combinações equilibradas de verdadeiras moedas nunca conseguem vigorar.

A razão é que existe uma economia significativa em termos de custos de transação em se ter a mesma unidade sendo usada como meio de troca e reserva de valor, sem a necessidade de encampar uma operação de câmbio quando dinheiro é gasto. A economia não parece ser enorme, porém é real. Leve-se em conta o fato de que o padrão ouro inexoravelmente evoluiu para um padrão ouro-moeda, para possibilitar o mundo de realizar e receber pagamentos em esterlina de aproximadamente 1850 a 1914, e em dólares depois da II Guerra Mundial. De tempos em tempos — com o rompimento do *pool* do ouro em 1968, o fechamento da janela do ouro nos Estados Unidos em 1971, a adoção da flutuação em 1973 — parece que o uso mundial do dólar como meio de troca e reserva de valor será abandonado. Vários, inclusive eu, previram isto. O início de crescentes negociações financeiras em marcos alemães e ienes pareciam sinalizar o início de um afastamento do dólar. Mas como em todas as finanças, domésticas e internacionais, as economias de escala de um único centro, uma moeda principal e um número substancial de títulos transacionados em vários países simultaneamente são difíceis de se superar. O dólar pode perder sua posição no futuro. Porém prevejo que não o faça para uma moeda composta, mas para uma nacional. O patamar de concorrência será desigual, com vários retrocessos ocasionais para os concorrentes e obstáculos ocasionais à frente. Para uma nova moeda mundial vencer o dólar deve estar muito à frente das outras para dar conta das economias de escala.

A maior questão sobre o mercado de euromoedas é seu tamanho gigantesco. A maior parte dele é de depósitos interbancários, em vez de empréstimos e depósitos de devedores e credores não bancários. Existe também um grande volume de empréstimos, de instituições não bancárias, por exemplo uma indústria que toma empréstimo quando planeja um projeto de investimento e o deposita de volta no mercado de euromoedas até ser usado. No passado, bancos nos Estados Unidos demandaram emprestadores que mantivessem um mínimo de depósitos relativamente aos empréstimos. Com o depósito não recebendo juros — antes da adoção das contas de Negotiable Orders of Withdrawal ou NOW —, este foi um meio de aumentar a taxa de juros nos empréstimos. Um empréstimo com uma taxa de juros de dez por cento sobre seu valor total, do qual vinte por cento tinham que ficar retidos como contrapartida, era de fato um empréstimo de oitenta por cento do montante nominal, com cobrança de juros de 12,5 por cento. Da forma que vejo agora, a prática presente de empréstimos por entidades não bancárias, ambos nos Estados Unidos e no mercado de euromoedas, origina-se principalmente por iniciativa do tomador e é um mecanismo para prover garantia de liquidez quando necessária. O custo é a diferença entre a taxa paga pelo empréstimo e a taxa de depósito, que é provavelmente reduzida para uma grande companhia multinacional com um excelente crédito estabelecido. Exatamente como as companhias petrolíferas, que, ao decidirem realizar a construção do oleoduto do Alasca, encomendaram e receberam os dutos quando planejaram o investimento, estocando-os até que fossem úteis como se fossem um seguro contra serem incapazes de dar conta de suas encomendas em um momento posterior, quando a disponibilidade de aço estivesse menor; desta forma as companhias tomaram empréstimos e reemprestaram para assegurar o acesso aos fundos para despesa de capital. Seguindo o mesmo raciocínio, no início dos anos 80 as autoridades monetárias brasileiras continuaram a tomar empréstimos e permitiram que suas reservas externas se amontoassem em vários milhões de dólares. A diferença entre o que foi ganho nos seus balanços internacionais e pago em seus empréstimos, até o mesmo montante, pode ser entendida como um prêmio de seguro contra a possibilidade de uma parada súbita de concessão de novos empréstimos em um momento em que estivesse sem nenhum dinheiro em caixa.

A vasta maioria dos fundos comprada e vendida no mercado de euromoedas são, conforme já dito, transacionadas entre bancos, cada um tentando se estabelecer em uma posição melhor para se sentir confortável com relação às moedas, prazos e taxas de crédito, ambos de ativos e passivos. No campo monetário, por exemplo, alguns bancos tiveram a brava iniciativa de aceitar a contrapartida das posições cambiais dos seus clientes após a adoção das flutuações, aceitando, pelo menos por tempo suficiente para verificar se outro cliente tomaria uma posição oposta. Isto os levou a ficar em excesso ou falta de várias moedas. Com as falências dos Herstatt e do Franklin National Bank em 1974, a maior parte dos bancos correu para fechar posições abertas no mercado monetário contratadas em negócios de clientes com outros bancos com talvez uma necessidade oposta. A maior parte delas foi ajustada de forma mais confortável, em virtude de posições menos arriscadas com respeito a diferenças entre devedores e credores e a estrutura de prazos de ativos e passivos. Transações interbancárias são encampadas por comissões minúsculas, mas são rentáveis por causa de seus enormes volumes. Estas gigantescas negociações interbancárias estão associadas com relativamente pequenas trocas líquidas com o mundo exterior.

Caminhos à frente

As vastas somas negociadas nos mercados de euromoedas e movendo-se diariamente por todo o mundo são de deixar qualquer um nervoso. A riqueza mundial aumentou em escala impressionante desde 1950 e a taxa de ativos líquidos em relação à riqueza aumentou. O volume de ativos líquidos é portanto enorme, e tais ativos podem prontamente ser redirecionados de seu hábitat usual para outras moedas, bancos e/ou centros financeiros em resposta a mudanças na psicologia do mercado. Se poupadores e investidores fizessem seus planos independentemente, alguns de forma otimista e outros de forma pessimista sobre as perspectivas aqui e ali, a ameaça não seria tão grande, na medida em que a média dos resultados permitiria estabilidade. Porém, como os participantes do mercado estão sintonizados nas mesmas informações e previsões em escala mundial, e observam de perto as ações uns dos outros, grandes mudanças de opinião se tornam possíveis e com elas movimentos internacionais de fundos. Como observado anteriormente, antes da II Guerra Mundial houve uma grande corrida para a moeda nacional que envolveu cerca de 100 milhões de dólares por dia. Nos anos 80, um choque semelhante pode produzir movimento de fuga de vários bilhões de dólares por dia. Se acontecimentos mundiais estão ocasionalmente criando alarme e a opinião financeira mundial ocasionalmente se instabiliza, os caminhos à frente parecem carregados de perigos.

Dois resultados são possíveis. Um é o desenvolvimento desigual das finanças mundiais em um tipo de mercado único integrado, com uma única moeda mundial, um único mercado monetário, um único mercado de capitais, e uma única política monetária mundial. Dessemelhanças da política monetária mundial e ajustamentos da política fiscal ocorreriam em países isolados para ajustar a direção nacional quando divergisse em excesso da tendência mundial. O padrão a ser atingido será semelhante à integração dos mercados monetários e de capital, e a política monetária em comum dentro dos Estados Unidos, com Bancos Centrais nacionais tendo papéis apenas levemente mais importantes que aqueles dos Federal Reserve Banks individuais fora de Nova York. As poupanças seriam reunidas em uma rede financeira mundial, principalmente dos países mais ricos, mas também de pessoas ricas dos países pobres, e distribuídas para os países (ou melhor para os negócios destes países) onde a produtividade marginal do capital fosse alta, quer pela escassez local de capital devida à pobreza e poupança inadequada, quer pelo crescimento rápido e o surgimento de inovações. Países ricos maduros irão indubitavelmente consumir o capital enquanto os novos ricos o acumulam em volume substancial. Os padrões regionais dentro dos Estados Unidos oferecem uma outra analogia, com o truculento Sunbelt, e áreas inovativas tais como Califórnia e a área *high-tech* em torno de Boston, tomando empréstimos do resto do país, apesar das altas rendas e altas poupanças. As partes mais pobres do país, tais como o nordeste da Nova Inglaterra e o delta do Mississípi, tomam empréstimos. A área do Smokestack e o meio-oeste consomem riqueza. O montante de compras e vendas de títulos e o movimento de moeda — movimentos de capital nacional em vez de internacional — são enormes em termos absolutos, mas muito menos impressionantes em termos líquidos.

A analogia entre um país e um mundo integrado de Estados soberanos falha no nível das transferências. Governos nacionais operam via orçamentos que levantam fundos em uma região da nação e os gastam em outra, mesmo quando o orçamento está equilibrado e não produz nenhum movimento líquido de capital regionalmente (regiões separadas, para ser claro, podem experimentar entrada líquida de capital via déficit governamental quando não existe nenhuma mudança no total, como operações de reconstituição de fundos têm impactos diferentes em regiões diferentes). Onde impostos são progressivos e o gasto social favorece os pobres, as transferências regionais via o fisco podem ser substanciais. No campo internacional, ao contrário, contribuições a orçamentos ·comuns, tais como defesa regional na Otan, Anzus e Asean, ou desembolsos de órgãos internacionais, tais como as Nações Unidas, as agências especializadas, o FMI, o Bird e os bancos de desenvolvimento regional, mais as ajudas multilaterais e todas as bilaterais, não são tão importantes a ponto de contribuir para um ajustamento do balanço de pagamentos entre nações. A analogia posteriormente falha no que diz respeito à responsabilidade do governo nacional, não existente na esfera internacional, de prover bens públicos como pleno emprego, distribuição de renda equânime, estabilidade macroeconômica e prevenções e alívios de desastres. Bens públicos comparáveis em nível internacional são muito mais difíceis de prover mesmo em um sistema hegemônico. Conforme declina o domínio econômico alguns cientistas políticos acreditam que tais bens públicos podem ser provisionados por "regimes", ou hábitos institucionalizados pela cooperação iniciada sob a estrutura hegemônica (Keohane, 1984). A questão está sendo debatida, e não está resolvida.

O caminho alternativo à federalização gradual do comportamento macroeconômico em nível mundial (excluindo o bloco socialista) é o de separação, auto-suficiência e autarquias, conforme recomendada em partes do Terceiro Mundo. Este raciocínio é bastante de esquerda hoje em dia, mas pode ser encontrado na *Yale's Review* no artigo de J. M. Keynes "National Self-Sufficiency", escrito de mau humor no fundo da depressão (1933, p. 758):

> Idéias, conhecimento, ciência, hospitalidade, viagens — estas são as coisas que por sua natureza deveriam ser internacionais. Mas deixe-se que os bens sejam caseiros sempre que seja razoável e conveniente, e acima de tudo deixe-se que as finanças sejam principalmente nacionais.

"Principalmente" tira um pouco da rispidez do "acima de tudo", e Keynes acabou por tomar uma posição internacionalista no final na guerra (1946). A crise da dívida do Terceiro Mundo dos anos 80 encontra alguns países prontos para seguir o caminho separatista, não importa como eles clamem por uma Nova Ordem Econômica Mundial. Mas a semente continua no solo e pode florescer se o mundo se desintegrar economicamente confõrme ocorreu nos anos 30.

Uma possibilidade forte é que o mundo proceda a uma desintegração no campo comercial — observemos, por exemplo, as dificuldades com o superávit de exportações japonesas que sistematicamente se recusa a desaparecer, a guerra comercial que fermenta entre os Estados Unidos e o Mercado Comum com respeito ao deslocamento das importações de comida de Portugal e Espanha dos Estados Unidos para a Europa antes que Portugal e Espanha entrem no Mercado, sem mencionar os problemas de encontrar saídas para as exportações industriais do Terceiro Mundo, em regular o comércio de serviços, e em conter as barreiras não comerciais, ou NTBs — tudo isto no momento em que a integração se processa nas finanças, *faute de mieux*, porque é impossível conter o dinheiro em um mundo de comunicação moderna. Comércio e finanças estiveram conectados muitas vezes. As finanças seguiram o comércio, por exemplo, em Veneza, Burges, Antuérpia, Amsterdã, Hamburgo e Londres. Ocasionalmente, as duas atividades tomaram caminhos diferentes, quando, por exemplo, o comércio mudava operações via entrepostos para relações diretas, visando poupar nos custos de transporte, e as finanças se mantinham sob o domínio de um único centro com suas economias de escala, na medida em que o custo de mover dinheiro não é substancial. Se o mundo comercial se desintegrasse, enquanto o financeiro continuasse integrado porque o dinheiro é tão difícil de controlar, governos seriam firmes em determinar o grau apropriado de operação em uma esfera e discordar em outra.

Uma lição parece clara: a dificuldade de conter os fluxos monetários em países separados requererá cooperação, que será atingida com ganhos e retrocessos intermitentes, para a sobrevivência dos mercados monetários e de capital quando perturbados, e finalmente para a coordenação das políticas monetárias e fiscais. Seria trágico se o mundo não fosse capaz de se manter aberto para movimentos de bens, serviços e pessoas também. Mais importante que a manutenção de mercados abertos para bens, são as tarefas de coordenação macroeconômica, movimentos das taxas de câmbio moderadamente excitados, e a manutenção de um emprestador internacional de última instância para dar conta das crises.

Este livro foi composto na tipologia IowanOldST BT
em corpo 10,5/15,5 e impresso em papel
off-white 90g/m² no Sistema Cameron da
Divisão Gráfica da Distribuidora Record.

Seja um Leitor Preferencial Record
e receba informações sobre nossos lançamentos.
Escreva para
RP Record
Caixa Postal 23.052
Rio de Janeiro, RJ – CEP 20922-970
dando seu nome e endereço
e tenha acesso a nossas ofertas especiais.

Válido somente no Brasil.

Ou visite a nossa *home page*:
http://www.record.com.br